新质生产力
如何看？怎么办？

蒋永穆 马文武 冯奕佳 等◎编著

·北京·

图书在版编目（CIP）数据

新质生产力：如何看？怎么办？／蒋永穆等编著.--北京：中国经济出版社，2024.3（2024.4 重印）
　　ISBN 978-7-5136-7672-4

　　Ⅰ.①新… Ⅱ.①蒋… Ⅲ.①生产力-发展-研究-中国 Ⅳ.①F120.2

中国国家版本馆 CIP 数据核字（2024）第 048161 号

出 版 人	毛增余	
责任编辑	严　莉	
责任印制	马小宾	
封面设计	任燕飞设计室	

出版发行	中国经济出版社	
印 刷 者	北京艾普海德印刷有限公司	
经 销 者	各地新华书店	
开　　本	710mm×1000mm　1/16	
印　　张	12.75	
字　　数	163 千字	
版　　次	2024 年 3 月第 1 版	
印　　次	2024 年 4 月第 4 次	
定　　价	58.00 元	

广告经营许可证　京西工商广字第 8179 号

中国经济出版社 网址 www.economyph.com 社址 北京市东城区安定门外大街 58 号 邮编 100011
本版图书如存在印装质量问题，请与本社销售中心联系调换（联系电话：010-57512564）

版权所有　盗版必究（举报电话：010-57512600）
国家版权局反盗版举报中心（举报电话：12390）　　服务热线：010-57512564

序　言

习近平总书记2023年在黑龙江考察调研期间提出了一个全新术语——"新质生产力"。2023年9月7日，习近平总书记在哈尔滨主持召开新时代推动东北全面振兴座谈会时强调，"积极培育新能源、新材料、先进制造、电子信息等战略性新兴产业，积极培育未来产业，加快形成新质生产力，增强发展新动能"。9月8日，习近平总书记在听取黑龙江省委和省政府工作汇报时指出，要"整合科技创新资源，引领发展战略性新兴产业和未来产业，加快形成新质生产力"。2024年1月31日，习近平总书记在主持中共中央政治局第十一次集体学习时强调，"发展新质生产力是推动高质量发展的内在要求和重要着力点，必须继续做好创新这篇大文章，推动新质生产力加快发展"。习近平总书记关于新质生产力的重要论述是习近平经济思想的重要组成部分，是马克思主义基本原理同中国具体实际相结合、同中华优秀传统文化相结合的产物，是马克思主义中国化时代化的理论成果，是指导我国经济高质量发展、全面推进中国式现代化的重要指导思想。必须深刻理解和全面把握新质生产力的科学内涵、理论逻辑、实践要义，弄懂、学透、用活这一重要理论结晶。

发展新质生产力是社会基本矛盾运动的必然结果。生产力与生产关系的矛盾运动规律是人类社会发展的基本规律，生产力决定生产关系及其发展方向，生产关系反作用于生产力。这就要求我们主动根据生产力水平和

新质生产力：如何看？怎么办？

状况调整生产关系，使生产关系与生产力水平相协调。当前在新科技革命推动下，新要素、新产业、新业态、新模式不断产生，使新质生产力以多样化形态加快形成，客观要求我国必须加快改革，构建与新质生产力相适应的生产关系。同时，我国全面深化改革，生产关系得到进一步优化和调整，为发展新质生产力提供了基础。为此，我们必须抓住机遇，以发展新质生产力为契机，推动生产力和生产关系更高水平的矛盾运动，为中华民族伟大复兴提供根本动力。

发展新质生产力是重塑我国国际竞争新优势的使然要求。国际竞争大浪淘沙，优胜劣汰。历史反复证明，谁能率先拥有颠覆性技术和新兴产业，谁就能在激烈的国际竞争中获得新优势，从而引领世界发展。当前新一轮科技革命方兴未艾，并不断涌现出新技术、新场景、新业态，科技作为第一生产力，在国际竞争中的地位越来越重要。为了从根本上遏制中国发展，美国等西方国家对中国在科技领域步步紧逼、恶意打压，中国国际竞争面临空前压力。只有坚决攻克"卡脖子"问题，通过发展新质生产力，实现高水平科技自立自强，才能构建自主可控、安全高效的产业链和供应链，才能突破美国等西方国家封锁，提升我国综合国力和国际竞争力。

发展新质生产力是全面建成社会主义现代化强国的实然表现。新时代以来，以习近平同志为核心的党中央科学掌舵中国号巨轮劈波斩浪，为全面建成社会主义现代化强国提出了一系列重要理论和战略目标，进行了一系列布局。无论是创新、协调、绿色、开放、共享的新发展理念，还是建设制造强国、质量强国、航天强国、交通强国、网络强国、数字中国的发展目标，抑或是实现新型工业化、信息化、城镇化、农业现代化的"四化同步"战略，贯穿其中的都是解放生产力和发展生产力的思想和实现高质量发展的主题。只有通过加快形成和发展新质生产力，建设规模化的战略性新兴产业和未来产业,整合科技资源实现科技自立自强,培养和聚集新质化人才,才能为高质量发展提供保障,为全面建成社会主义现代化强国奠定基础。

发展新质生产力是满足人民日益增长的美好生活需要的应然需求。随着经济发展水平的提高,人民群众对美好生活的需要也越来越强烈。物质文化产品既要种类多、个性化,也要质量好、保障足,这就对供给端提出了更高要求。我国虽然已经建成了全球最完整的工业体系,可以全面生产出各类物质文化产品,但同发达国家相比,我们的品牌打造水平仍有待提高,缺乏具有国际竞争力的高端产品,生态产品供给也相对不足。加快形成和发展新质生产力,提高科技创新水平,有助于推动产业转型升级,提高产品和服务的科技含量及附加值,形成优质高效多样化的供给体系,更好地满足人民群众对美好生活的需要。

"新质生产力"概念的提出具有重大理论和实践意义,对我国经济社会发展影响深远。但由于这一概念内涵丰富,思想深刻,具有高度的学理性和现实性,且提出时间不久,目前对其研究多限于学术界和产业界,广大人民群众对这一概念的理解尚处于比较浅表的层次。为了辅助大众深刻把握新质生产力的科学内涵,搞懂、弄清"新质生产力是什么""为什么要发展新质生产力""如何发展新质生产力"等重要问题,动员广大群众以实际行动为新质生产力的形成和发展贡献力量,本书编写组经过充分酝酿讨论、广泛搜集文献资料,编写本书。

本书分为三个部分,共九章内容。

第一部分旨在回答"为什么要发展新质生产力"问题,分为两章(第1章至第2章):第1章从人类文明发展史的视角入手,通过对三次生产力"新质化"的变革引领人类进入新时代的分析,指出人类文明史就是一部生产力"新质化"历史,为形成和发展新质生产力提供历史遵循;第2章

新质生产力：如何看？怎么办？

从理论和现实、国际和国内两个层面阐述了提出新质生产力的原因。

第二部分旨在回答"新质生产力是什么"问题，分为6章（第3章至第8章）：第3章分析了新质生产力"新"在哪里，"质"是什么，包含了哪些类型。第4章到第8章分别分析了数字生产力、协作生产力、绿色生产力、蓝色生产力、开放生产力的内涵、运行以及典型案例，帮助读者更加形象地认识新质生产力。

第三部分旨在回答"如何发展新质生产力"问题，即第9章，从产业、科技、人才三个方面分析了形成和发展新质生产力的措施手段，即建设现代化产业体系实现产业结构新质化提升、完善科技创新体系实现科技资源新质化整合、深入实施人才强国战略提供新质化人才支撑。

目 录

第 1 章 生产力"新质化"的文明史 / 1

1.1 农业文明 / 2

1.1.1 进入农业文明：从渔猎采集到石器时代 / 2

1.1.2 农业文明的发展：从青铜时代到铁器时代 / 5

1.2 工业文明 / 10

1.2.1 进入工业文明：蒸汽时代 / 10

1.2.2 工业文明的发展：电气时代 / 13

1.3 数字文明：信息时代 / 16

第 2 章 为什么要提新质生产力 / 18

2.1 社会生产力永远是在新质中不断发展的 / 18

2.1.1 生产力是人类社会发展的决定性力量 / 19

2.1.2 生产力本身处于不断新质化的运动当中 / 21

2.2 人类进入了数字技术引领的生产力时代 / 24

2.2.1 数字技术引领的生产力新时代 / 24

2.2.2 人类社会已进入由数字技术引领的新时代 / 26

2.2.3 在新一轮生产力变革中占得先机 / 28

2.3 科学把握新质生产力是实现中国式现代化的物质基础 / 30

2.3.1 中国式现代化探索向来重视生产力的推动作用 / 31

2.3.2　全面推进中国式现代化需要科学把握新质生产力　/34

　　2.3.3　新质生产力奠定中国式现代化的物质基础　/37

第3章　新质生产力是什么　/41

　3.1　对新质生产力的基本认识　/41

　　3.1.1　新质生产力的本质内涵　/42

　　3.1.2　新质生产力的运行机理　/46

　3.2　新质生产力"新"在哪里　/47

　　3.2.1　新要素　/48

　　3.2.2　新技术　/51

　　3.2.3　新产业　/53

　3.3　新质生产力"质"是什么　/55

　　3.3.1　高质量　/55

　　3.3.2　多质性　/56

　　3.3.3　双质效　/56

　3.4　新质生产力当前有哪些类型　/58

　　3.4.1　数字生产力　/58

　　3.4.2　协作生产力　/59

　　3.4.3　绿色生产力　/59

　　3.4.4　蓝色生产力　/60

　　3.4.5　开放生产力　/60

第4章　数字生产力　/61

　4.1　什么是数字生产力　/61

　　4.1.1　认识数字生产力　/62

4.1.2 数字生产力的特征 /66

4.1.3 数字生产力的作用 /69

4.2 数字生产力如何运行 /70

4.2.1 数字技术赋能生产力要素：形成数字生产力 /71

4.2.2 产业数字化和数字产业化：释放数字生产力 /73

4.2.3 战略性新兴产业和未来产业：深化数字生产力 /75

4.3 典型案例剖析 /76

案例一：成都大邑智慧农业园区——数智赋能，农业数字化转型的典范 /76

案例二：百度智能云——云智一体，塑造AI产业发展新格局 /78

案例三：比亚迪——抢占先机，新能源汽车的时代领跑者 /79

第5章 协作生产力 /81

5.1 什么是协作生产力 /81

5.1.1 认识协作生产力 /82

5.1.2 协作生产力的特征 /85

5.1.3 协作生产力的作用 /88

5.2 协作生产力如何运行 /89

5.2.1 企业内部分工协作水平提升典型形式：智能工厂 /90

5.2.2 企业之间分工协作水平提升典型形式：企业间网络化分工协作 /91

5.2.3 产业之间分工协作水平提升典型形式：产业融合发展 /92

5.2.4 区域之间分工协作水平提升典型形式：区域协调发展 /93

5.3 典型案例剖析 /95

案例一：智能工厂——上汽大众按下"智"造加速器 /95

案例二：企业间网络化分工协作——中国兵器装备集团有限公司构建"整零"协同网络 / 96

案例三：产业融合发展——北京百旺农业种植园实现"莓"美与共 / 98

案例四：区域协调发展——"东数西算"构建数字时代"经济新版图" / 99

第 6 章　绿色生产力 / 101

6.1　什么是绿色生产力 / 101

6.1.1　认识绿色生产力 / 102

6.1.2　绿色生产力的特征 / 105

6.1.3　绿色生产力的作用 / 107

6.2　绿色生产力如何运行 / 109

6.2.1　在生态保护中绵延自然生产力 / 110

6.2.2　以绿色技术化生态财富为社会经济财富 / 111

6.2.3　在绿色产业载体中孕育生产力 / 112

6.2.4　在绿色生产中释放生产力 / 113

6.3　典型案例剖析 / 114

案例一：安吉绿色发展——从采砂业到水经济 / 114

案例二：莆田逐"绿"追"新"——新兴产业，低碳发展 / 115

案例三：《巴黎协定》——全球气候治理的里程碑 / 117

第 7 章　蓝色生产力 / 119

7.1　什么是蓝色生产力 / 119

7.1.1　认识蓝色生产力 / 120

7.1.2　蓝色生产力的特征 / 126

目 录

7.1.3 蓝色生产力的作用 / 128

7.2 蓝色生产力如何运行 / 130

 7.2.1 提高海洋劳动者综合能力 / 130

 7.2.2 拓展海洋活动范围 / 132

 7.2.3 保护海洋生态环境 / 134

 7.2.4 推动现代海洋产业体系发展 / 135

7.3 典型案例剖析 / 137

 案例一：现代海洋技术的提升——"奋斗者"号万米级载人
    潜水器 / 137

 案例二：传统海洋产业转型——南海油气勘探开发 / 138

 案例三：海洋新兴产业崛起——珠海金湾海上风电场项目 / 139

 案例四：现代海洋服务业发展——温州洞头蓝色海湾整治行动 / 140

第8章 开放生产力 / 142

8.1 什么是开放生产力 / 142

 8.1.1 认识开放生产力 / 143

 8.1.2 开放生产力的特征 / 146

 8.1.3 开放生产力的作用 / 150

8.2 开放生产力如何运行 / 152

 8.2.1 以国内大循环吸引全球资源要素 / 153

 8.2.2 依托我国超大规模市场优势实现经济持续发展 / 154

 8.2.3 发挥国内国际两个市场两种资源联动效应 / 154

 8.2.4 以稳步扩大制度型开放推进更高水平对外开放 / 155

 8.2.5 以优化开放布局实现经济协调发展 / 156

 8.2.6 以共建"一带一路"促进高质量共同发展 / 156

8.3 典型案例剖析 / 157
　　案例一：千里共此卷——"一带一路"倡议 / 157
　　案例二："四叶草"开放协奏曲——中国国际进口博览会 / 159
　　案例三：深耕改革开放"试验田"——上海自贸试验区 / 160

第9章　形成新质生产力的关键抓手 / 163

9.1 建设现代化产业体系实现产业结构新质化提升 / 164
　　9.1.1 注重数实融合发展，构筑新质生产力重要支撑 / 164
　　9.1.2 培育壮大战略性新兴产业，打造新质生产力关键主体 / 165
　　9.1.3 超前布局未来产业，解放新质生产力潜在动能 / 167
　　9.1.4 分类处理传统产业，拓宽新质生产力发展空间 / 169
　　9.1.5 推动产业协同互补，夯实新质生产力安全保障 / 170

9.2 完善科技创新体系实现科技资源新质化整合 / 172
　　9.2.1 加大基础研究投入，促进原始创新 / 172
　　9.2.2 聚焦前沿技术突破，强化新质引擎 / 173
　　9.2.3 加强学科交叉融合，迸发科技新力 / 174
　　9.2.4 重视知识产权保护，营造积极氛围 / 175
　　9.2.5 积极开展国际交流，以开放促创新 / 176

9.3 深入实施人才强国战略提供新质化人才支撑 / 177
　　9.3.1 加快新型人才的培育 / 177
　　9.3.2 提高劳动力供给质量 / 179
　　9.3.3 科学引导人才聚集成势 / 180
　　9.3.4 改革人才评价激励体系 / 181

参考文献 / 182

后　记 / 191

第1章 生产力"新质化"的文明史

"随着新生产力的获得，人们改变自己的生产方式，随着生产方式即谋生的方式的改变，人们也就会改变自己的一切社会关系。手推磨产生的是封建主的社会，蒸汽磨产生的是工业资本家的社会。"[1]

——马克思：《哲学的贫困》（1847年4月）

"人猿相揖别。只几个石头磨过，小儿时节。铜铁炉中翻火焰，为问何时猜得？不过几千寒热。"

——毛泽东：《贺新郎·读史》（1964年春）

"生产力是推动社会进步的最活跃、最革命的要素，生产力发展是衡量社会发展的带有根本性的标准。"[2]

——习近平：《坚持历史唯物主义不断开辟当代中国马克思主义发展新境界》（2020年1月）

人类文明史就是一部生产力"新质化"的历史，社会发展进步实质上就是生产力从旧质到新质、从低质到高质迭代升级催化融合的结果。在人类社会的演化历程中，从石器的使用到青铜器、铁器的使用，从农业社会到工业社会，生产力总是保持着升级迭代的变化姿态。任何具有"新质"特征的生产力，都是在一定时代条件下催生出来的。生产力是人类社会存

---

[1] 《马克思恩格斯选集》（第1卷），人民出版社2012年版，第222页。
[2] 习近平：《坚持历史唯物主义不断开辟当代中国马克思主义发展新境界》，《求是》2020年第2期。

在和发展的基础，是推动历史前进的决定力量。人类用于制造生产工具的材料，就是文明程度最主要的标志。

1.1 农业文明

大约在 200 万年前，社会发展完全受自然控制，人类生活完全依靠大自然赐予，狩猎采集是发展系统的主要活动，也是最重要的生产劳动。原始社会人类以狩猎和采集为生，没有复杂的文化和社会结构，到农耕萌芽时期，人类逐渐学会了种植农作物和驯养动物，开始出现定居点和村落，人类逐渐发展出简单语言和文化。

1.1.1 进入农业文明：从渔猎采集到石器时代

（1）渔猎采集时代

原始社会时期，人类主要依靠狩猎和采集来获取食物和其他生活所需物品，所以将这个阶段称为渔猎采集时代。这个阶段的人类以狩猎和采集为生，没有复杂的文化和社会结构。人类逐渐学会了种植农作物和驯养动物，开始出现定居点和村落。在这个阶段，人类逐渐发展出简单语言和文化。这个时期的人使用的是一些非常简单的工具，如木棒、骨头、石头等天然材料制作的工具。这些工具非常粗糙，主要用于敲击、挖掘、切割等简单劳动。

渔猎采集时代的生产方式主要是集体协作狩猎和采集。人们通常会组成小型群体，共同狩猎和采集食物。狩猎的主要方式是使用木棒、弓箭等工具追逐和猎杀动物，采集则主要是摘取植物果实和挖掘植物根茎等。

文明发展方面，渔猎采集社会还没有出现明显的社会分工和阶层分化。人们共同劳动，共享食物和其他资源，没有明显的统治者和被统治者。这个时代的社会组织非常简单，通常是基于血缘关系的家族或部落的形式。

总的来说，渔猎采集时代生产力水平低，对环境的依赖程度较高，生产方式主要是集体协作渔猎和采集。文明发展处于非常初级的阶段，没有明显的社会分工和阶层分化。这个时代为人类适应环境、积累经验和提升技能奠定了基础，为后续的石器时代和农业文明的发展提供了重要前提。

（2）石器时代

石器是原始社会重要的发明。古人类在适应自然并与自然界斗争的过程中，逐渐发现了"石头"的用途，石器是指用岩石作为原材料制成的器物，是人类发展初期阶段的主要劳作工具。石器时代大约始于距今二三百万年，止于距今5000至2000年左右。人类在从早期猿人向"新人"演进的漫长过程中，在体质上与意识上逐渐与动物区别开来，开始了人类最初文明的创造过程。在这一过程产生了人类文明的初始形态——"石器文明"，其所留下的诸多生产工具、武器与器皿的雕刻、图画、装饰品虽然原始粗糙，但却朴素直观地"记录"了人类最初的物质和精神生产实践活动，朦胧地反映了当时人们的生产样式、生活方式与心态、思维，也从侧面体现了他们的价值观念与审美情趣。

石器产生主要有两大原因：一是人类在长期实践中积累的经验和技能促进了生产工具的改进，随着石材加工技术的逐渐成熟，人类可以制作出更为锋利、耐用的工具，如刮削器、砍砸器等，这些工具在狩猎、采集、加工等方面都发挥了重要作用。二是由于对自然环境的适应和利用能力的提高，随着时间的推移，人类逐渐掌握了更多关于动物行为、植物生长规律等的知识，狩猎和采集更为高效，此时就需要更高效的生产工具推动新的生产力发展。

新质生产力：如何看？怎么办？

　　石器时代初期，人们使用简单的石器进行狩猎和采集。随着人口的增长和定居的出现，人们需要更高效的工具来提高生产力，于是出现了更精细、更专业的石器。人们对石头和木头的加工技术不断提高，开始制造出更为精细和实用的工具。这些工具不仅提高了狩猎和采集的效率，还为农业、建筑等领域的发展提供了基础。同时，随着对自然环境认识的加深，人们开始利用更多的自然资源。例如，人们学会了使用火来烹饪食物，这大大提高了食物的口感和营养价值。此外，人类在石器时代也开始进行初步的农作物种植和家畜饲养，这些新的生产方式也极大地提高了生产力。人们还学会了利用动物皮毛制作衣物，提高了保暖性等。在石器时代，人们开始形成较为稳定的社会群体。这些群体之间相互协作，共同狩猎、采集和分享资源。这种社会协作不仅提高了生产效率，还促进了知识和技术的交流与传播。随着时间的推移，人们开始积累和传承各种经验和技能。这些经验和技能逐渐形成一套相对固定的文化传统，为后来的社会发展提供了基础。

　　石器的种类和用途随着生产力的逐步发展越来越丰富，具备砍伐、切割、雕刻、研磨等多种功能。同时，石器制造技术的提高也促进了石器的普及和专业化。这些新的石器提高了狩猎和采集的效率，使人们能够更好地适应自然环境。随着石器的发展，人们开始拓展狩猎和采集的范围，从简单的动植物资源扩展到更复杂的资源领域，如矿产和木材。这些新资源的开发和利用进一步提高了生产效率，为社会的进步和发展提供了物质基础。随着石器的普及，劳动者需要掌握更复杂的石器制造技术和狩猎技巧，同时也需要具备更强的协作和组织能力。

　　石器的普及和专业化推动了农业、畜牧业和手工业的发展，形成了初步的定居社会和分工。这些技术的进步为国家的出现奠定了基础，促进了社会文化的繁荣及宗教、政治制度的形成。

虽然新的生产力的产生为石器时代人类社会的发展带来了显著的进步，但随着生产需求的提高和技术的进步，简单的石器已经无法满足更复杂的生产需求。石器的制作技术虽然在不断进步，但受限于材料本身，其性能和效率的提升空间极其有限。石器时代的生产活动主要依赖于自然环境，人们对自然环境的依赖程度较高，当自然环境发生变化时，如气候变迁、资源匮乏等，生产力就会受到严重影响。此外，石器时代的生产活动主要依靠个体或小群体的努力，缺乏有效的协作和组织。这种生产方式在面对大规模、复杂的社会需求时显得力不从心，无法满足人类社会进一步发展的需要。石器时代的生产力在一定程度上推动了人类社会的发展，但当其发展到一定程度后，由于材料、环境、组织等方面的限制，无法进一步推动人类社会的进步，这为下一次生产力的飞跃——青铜时代的到来奠定了基础。

1.1.2 农业文明的发展：从青铜时代到铁器时代

大约一万年前，人类开始种植农作物和养殖动物，生产方式和社会结构发生了重大变革。人类通过创造适当的条件，使自己所需要的物种得到生长和繁衍，不再依赖自然界提供的现成食物。农业文明发展，出现了大量科技成果：青铜器、铁器、陶器、文字、造纸、印刷术等。农业发展带来了稳定的食物来源和定居的生活方式，社会开始出现分工和城市化。

（1）青铜时代

青铜时代指的是以青铜器为主要劳动工具的时期，是以使用青铜器为标志的人类物质文化发展阶段。青铜时代初期青铜器具使用比重较小，甚或以石器为主；进入中后期，青铜器使用比重逐步增加。在青铜器冶炼技术逐步成熟后，农业和手工业的生产力水平提高，人们的物质生活也渐渐

新质生产力：如何看？怎么办？

丰富。青铜器在人们的生产生活中占据重要地位。青铜器的出现和广泛应用，在逐渐丰富物质生活的同时，也对农业和手工业生产力水平的提高起到了划时代的作用。青铜器的发明是人类进化史上的一大奇迹，青铜铸造业的出现，在科技史上具有里程碑的意义。

青铜时代标志着人类对金属冶炼技术的掌握。青铜工具的出现提高了生产效率，促进了社会经济的发展。随着冶炼技术的进步，人们开始使用青铜来制造工具。相较于石器，当时的金属（如红铜）工具具有更高的硬度和耐久性，能够更有效地进行耕作、建筑、武器制造等。这种技术的突破极大地提高了生产效率，为农业、工业、军事等领域的发展提供了新的动力。随着金属冶炼技术的发展，人们开始形成更为复杂的社会结构。社会分工变得更加明确，出现了专门从事金属冶炼、农业、手工业等不同领域工作的人。这种分工促进了技术、知识和经验的交流，推动了各领域的创新和发展。青铜工具和武器的广泛使用，使得人们能够进行更大规模的农业生产、建设和战争。这种规模效应不仅提高了生产效率，还促进了不同地区之间的交流与合作。这种协作进一步推动了技术的传播和知识的积累。青铜时代是文化与技术相互融合的时期。人们开始将青铜技术应用于日常生活和宗教仪式中，如制作青铜器皿、雕像等。这种文化与技术的融合不仅丰富了人们的生活，还推动了艺术和工艺的发展。青铜时代新的生产力的产生是金属冶炼技术突破、社会分工与专业化、规模效应与协作以及文化与技术融合等多种因素共同作用的结果。新的生产力不仅进一步提高了生产效率和生活水平，还为后续的人类文明发展奠定了坚实基础。

青铜工具的种类和用途比石器更加广泛，包括农具、武器、礼器等。同时，青铜器的制造技术和艺术水平也越来越高，反映了当时社会的经济和文化水平有了极大提高。这些新的青铜工具提高了农业生产的效率和人们的战斗力，使人们能够更好地适应社会发展的需求。随着青铜制造水平的提高，劳动者需要掌握更复杂的青铜制造技术和相关工艺技巧，进一步促进了冶炼技术创新，推动了社会文化的繁荣和发展。

青铜器的普及促进了农业、工业、交通和通信等领域的发展。这些进步推动了城市的兴起和文化的繁荣，形成了初步的国家和政治制度。古代文化发达的一些地区青铜时代与奴隶制社会形态相适应，如爱琴海地区、埃及、美索不达米亚、印度、中国等，此时都是奴隶制国家繁荣的时期。中国的青铜文化起源于黄河流域，始于公元前21世纪，止于公元前5世纪，经历约1600年，大体上与文献记载的夏、商、西周至春秋时期的时间相当。其与中国奴隶制国家的产生、发展及衰亡始终相伴。

尽管金属冶炼技术的突破带来了生产力的显著提高，但随着生产规模的扩大和生产需求的提高，青铜工具已经无法满足更高效的生产需求。青铜冶炼需要大量的资源和能源，随着需求的增加，这些资源变得日益稀缺。同时，青铜工具的制造过程复杂，耗时耗力，难以满足大规模的生产需求。这限制了青铜时代生产力的进一步发展。另外，青铜工具的性能和效率虽然优于石器，但仍然存在一些局限性。例如，青铜工具的硬度和韧性不如钢铁，容易磨损和断裂。这使得青铜工具在某些领域的应用受到限制，无法满足更高级别的生产需求。此外，青铜时代的生产活动仍然依赖于自然环境，当自然环境发生变化时，如气候变迁、资源匮乏等，生产力就会受到严重影响，同样无法满足人类日益增长的需求。

（2）铁器时代

青铜时代的生产力在一定程度上推动了人类社会的发展，但当其发展到一定程度后，由于资源、技术、环境等方面的限制，无法进一步推动人类社会的进步。这为下一次生产力的飞跃——铁器时代的到来奠定了基础。

新质生产力：如何看？怎么办？

　　随着人们对金属冶炼技术的掌握，古代人民开始在冶铜的基础上逐步探索冶铁技术。正如《论语·卫灵公》所言："工欲善其事，必先利其器。"当人们在冶炼青铜的基础上逐渐掌握了冶炼铁的技术之后，铁器时代就到来了。铁器时代人们已经能够运用很复杂的金属加工工艺来生产铁器，开始使用铁来制造工具和武器。

　　随着冶炼技术的进一步提高，人们开始使用铁这种更常见、更廉价的金属材料制造工具。铁器的出现降低了生产成本，提高了生产效率，促进了社会经济的发展。相较于冶炼青铜的铜矿，铁矿的分布更为广泛，资源更为丰富。这为铁器的制造提供了充足的原材料，使得铁器的生产规模得以扩大，进而推动了农业、工业、军事等领域的发展。随着铁器制造技术的不断进步，人们能够制造出更为精细、耐用的铁质工具。这些工具在性能和效率上超过了青铜工具，为农业生产、工业制造等领域提供了更强大的支持。在铁器时代，社会分工更加明确，出现了专门从事铁器制造、农业、手工业等不同领域工作的人。这种分工促进了技术、知识和经验的交流，推动了各领域的创新和发展。随着对铁的认识逐渐加深，人们发现铁质工具远比铜质工具锋利，实用性更强，因此人们开始将铁器广泛应用于农业生产中，用以提高劳动效率。铁犁、铁锄等农具的出现使得深耕细作成为可能，提高了土地的利用率和农作物的产量，使得农业生产效率大大提高。同时，铁器的广泛应用也促进了商品交换和贸易的发展，进一步推动了社会经济的繁荣。这为人口的增长和社会经济的发展提供了有力支持。

　　铁器的种类和用途更加多样化，包括农具、工业工具、交通工具等。同时，铁器的制造技术和艺术水平也不断提高，反映了当时社会的经济和文化水平。这些新的铁质工具提高了农业生产和工业生产的效率，使人们能够更好地适应社会发展的需求。随着铁器的发展和应用领域的拓展，人

第1章 生产力"新质化"的文明史

们开始开发和利用更多的资源，如矿产、木材、金属等。这些新资源的开发和利用进一步提高了生产效率，为社会的进步和发展提供了物质基础。随着铁器的普及和专业化，对劳动者的技能和知识的要求也相应提高。劳动者需要掌握更复杂的铁器制造技术和相关工艺技巧，同时也需要具备更强的协作和管理能力。

铁器的广泛应用提高了农业生产效率，使得农业成为主要的生产部门。随着农具的改进和耕作方法的创新，人们能够更好地利用土地资源，提高农作物产量。这为人口的增长和社会经济的发展提供了有力支持，推动了文明的发展。随着生产力的提高和商品交换的繁荣，城市逐渐兴起。城市成为政治、经济、文化中心，吸引了大量的人口聚集。同时，国家的形成也与铁器时代的发展密切相关。国家的出现为政治稳定、社会治理提供了基础，进一步推动了文明的发展。铁器时代生产力和技术的进步为科学的发展提供了基础。人们开始关注自然现象和规律，探索科学的奥秘。同时，铁器的制造和应用也促进了工程技术和工艺的发展，为文明的发展注入了新的活力。随着铁器时代的到来，不同地区之间的文化交流变得频繁，人们开始借鉴和吸收其他地区的文化和技术，促进了文化的融合和创新。这种文化交流和融合为文明的发展注入了新的元素和动力。

在铁器时代，虽然铁器的普及和应用带来了生产力的显著提高，但随着生产规模的扩大和生产需求的提高，铁器时代的生产力逐渐遇到了"瓶颈"。铁矿的开采和冶炼需要大量的资源和能源，而随着铁器使用的增加，这些资源逐渐变得稀缺，限制了铁器生产的进一步扩大。虽然铁器的制造技术不断进步，但铁器的强度和耐用性仍受限于材料本身。在当时的技术条件下，进一步提高铁器的性能和效率变得困难。另外，随着社会的发展，人们对生产力的需求也在不断提高。铁器虽然满足了基本的生产和生活需求，但对于更高级别的需求，如大规模的农业生产和工业制造，显得力不从心。因此，尽管铁器时代的生产力在一定程度上推动了人类社会的发展，但当其发展到一定程度后，由于资源、技术和社会需求的限制，无法进一步推动人类社会进步。这为下一次生产力的飞跃——蒸汽机的出现奠定了基础。

1.2 工业文明

工业文明是人类运用科学技术武器控制和改造自然取得空前胜利的时代。18 世纪末，蒸汽机的发明和使用引起了第一次工业革命；19 世纪末，电力的发现和使用引起了第二次工业革命。机器代替人力和畜力成为生产的主要动力，生产方式和效率得到了极大的提高。工业革命不仅改变了生产方式，还改变了社会结构和文化形态，开启了现代化的大门。工业革命带来的生产力新质化使世界跨入大机器时代，人类从农业文明走进了工业文明。

1.2.1 进入工业文明：蒸汽时代

蒸汽时代是由第一次工业革命开启的。第一次工业革命是 18 世纪 60 年代从英国发起的技术革命，是生产力发展史上的一次巨大革命，它开创了以机器代替手工劳动的时代。

英国资产阶级统治者一方面积极发展海外贸易，进行殖民统治，积累了丰富的资本，扩展了广阔的海外市场和最廉价的原料产地；另一方面进一步推行"圈地运动"，获得了大量的廉价劳动力。蓬勃发展的工场手工业虽然积累了丰富的生产技术知识，增加了产量，但还是无法满足不断扩大的市场需要，因此，人类历史上一场生产手段的革命呼之欲出。18

世纪 60 年代，在英国的资本主义生产中，大机器生产开始取代工场手工业，最终生产力得到突飞猛进的发展，人类历史上把这一过程称为"工业革命"。

工业革命首先出现于工场手工业最为发达的棉纺织业。1733 年，机械师凯伊发明了飞梭，大大提高了织布的速度，纺纱顿时供不应求。1765 年，织工哈格里夫斯发明了珍妮纺纱机，珍妮纺纱机首先在棉纺织业出现，引发了发明机器、进行技术革新的连锁反应，揭开了工业革命的序幕。从此，在棉纺织业中出现了骡机、水力织布机等先进机器。不久，在采煤、冶金等许多工业部门，也都陆续有了机器生产。随着机器生产越来越多，原有的动力如畜力、水力和风力等已经无法满足生产需要。1785 年，瓦特制成的改良型蒸汽机投入使用，为生产提供了更加便利的动力，得到迅速推广，大大推动了机器的普及和发展。人类社会由此进入了蒸汽时代。随着工业生产中机器生产逐渐取代手工操作，传统的手工业无法适应机器生产的需要，为了更好地进行生产管理，提高效率，资本家开始建造工房，安置机器和雇佣工人集中生产，这样，一种新型的生产组织形式——工厂出现了。工厂成为工业化生产的最主要组织形式，发挥着日益重要的作用。机器生产的发展，促进了交通运输事业的革新，为了快捷便利地运送货物、原料，人们想方设法地改造交通工具。1807 年，美国人富尔顿制成的蒸汽机轮船试航成功。1814 年，英国人史蒂芬森发明了蒸汽机车。1825 年，史蒂芬森亲自驾驶着一列拖有 34 节小车厢的火车试车成功。从此人类的交通运输业进入以蒸汽为动力的时代。表 1-1 为第一次工业革命发明成果简况。

新质生产力：如何看？怎么办？

表1-1 第一次工业革命发明成果简况

年份	发明成果	意义
1733	发明飞梭	提高了织布的速度
1765	发明珍妮纺纱机	揭开了工业革命的序幕
1785	制成改良型蒸汽机	人类进入蒸汽时代
1807	蒸汽机轮船试航成功	交通运输业进入以蒸汽为动力的时代

蒸汽机的应用使得能源的利用效率大大提高，为工业生产提供了强大的动力，推动了纺织、冶炼、采矿等工业的快速发展，形成了现代工业的基础。同时，也促进了交通运输的革新，如火车和轮船的发明和应用。这些新的机械设备提高了生产效率和交通运输效率，使人们能够更好地适应工业化和城市化的需求。随着蒸汽技术的应用，大规模、集中化的生产成为可能。这种新的生产方式需要更高效、更灵活的生产关系来适应。蒸汽机的改良推动了机器的普及以及大工厂的建立，资本主义的生产关系开始萌芽，为生产力的进一步发展提供了制度保障。随着蒸汽机的应用和工业的发展，人们开始开发和利用更多的资源，如煤炭、石油、天然气等。这些新资源的开发和利用进一步提高了生产效率，为社会的进步和发展提供了物质基础。

蒸汽机的广泛应用使得工业生产得以大规模、高效地进行。工业化的发展不仅提高了生产效率，促进了商品和技术的交流，推动社会经济的繁荣，还改变了人们的生活方式，推动了城市化的进程，进一步推动了文明的发展。同时，蒸汽时代是科学技术飞速发展的时期，许多重要的科学发现和技术创新都在这一时期出现，如化学工业的兴起等。这些科学技术的进步为生产力的提高提供了有力支持，同时也为文明的发展注入了新的元素和动力。随着蒸汽技术的应用和工业生产的规模化，全球化的进程加速。贸易、文化和思想在全球范围内传播和交流，促进了不同文明的相互借鉴和融合。全球化加速了文明的传播和发展，推动了人类社会的进步。

随着生产力的提高和工业化的发展，社会关系也发生了变革。资本主义的生产关系逐渐占据主导地位，阶级分化和社会不平等现象加剧。这种社会关系的变革对文明的发展产生了深远影响，推动了社会结构和制度的变革。

这场技术发展史上的巨大革命，开创了以机器生产代替手工劳动的时代。这不仅是一次技术改革，更是一场深刻的社会变革，推动了经济领域、政治领域、思想领域、世界市场等诸多方面的变革。第一次工业革命客观上传播了生产经验，是生产力"新质化"的一次巨大飞跃。

虽然蒸汽时代生产力的进步为人类社会的发展带来了显著的推动力，但随着生产规模的进一步扩大和生产需求的不断提高，蒸汽机的效率和能源利用率显现出局限性，蒸汽机已经无法满足更高效的生产需求。虽然蒸汽机在当时是一项革命性的技术，但其效率和能源利用率相对较低。随着工业生产规模的扩大和能源需求的增加，蒸汽机的局限性越发明显，无法满足更高效的生产需求。同时，资本主义的生产关系导致阶级分化和社会不平等加剧，引发了工人阶级的反抗和斗争。这种社会关系的紧张和不平等限制了生产力的进一步发展。因此，蒸汽时代的生产力在发展到一定程度后，就无法进一步推动人类社会进步。这为下一次生产力的飞跃——电气时代的到来奠定了基础。

1.2.2 工业文明的发展：电气时代

19世纪，随着资本主义经济的发展，自然科学研究取得重大进展。1870年以后，由此产生的各种新技术、新发明层出不穷，并被应用于各种工业生产领域，促进经济的进一步发展，第二次工业革命蓬勃兴起，人类进入了电气时代。

第二次工业革命以电器的广泛应用最为显著。从19世纪六七十年代开

新质生产力：如何看？怎么办？

始，出现了一系列的重大发明。1866年，德国人西门子制成了发电机；70年代，实际可用的发电机问世。电器开始代替机器，电力成为补充和取代蒸汽动力的新能源。随后，电灯、电车、电影放映机相继问世，人类进入了电气时代。

科学技术应用于工业生产的另一项重大成就，是内燃机的创新和使用。19世纪七八十年代，以煤气和汽油为燃料的内燃机相继诞生，90年代柴油机创制成功。内燃机的发明解决了交通工具的发动机问题。80年代德国人卡尔·弗里特立奇·本茨等成功地制造出由内燃机驱动的汽车，内燃汽车、远洋轮船、飞机等也得到了迅速发展。内燃机的发明，推动了石油开采业的发展和石油化工工业的生产。

科学技术的进步也带动了电信事业的发展。19世纪70年代，美国人贝尔发明了电话，90年代意大利人马可尼试验无线电报取得了成功，为迅速传递信息提供了方便。世界各国的经济、政治和文化联系进一步加强。

19世纪70年代，在第二次工业革命的推动下，资本主义经济开始发生重大变化，资本主义生产社会化的趋势加强，推动了企业间竞争的加剧，促进了生产和资本的集中，少数采用新技术的企业挤垮大量技术落后的企业。生产和资本集中到一定程度便产生了垄断。垄断组织的出现是生产力发展的结果，也在一定程度上促进了生产力的发展。在第二次工业革命中出现的新兴工业如电力工业、化学工业、石油工业和汽车工业等，都要求实行大规模的集中生产，垄断组织在这些部门中便应运而生。垄断组织的出现，使企业的规模进一步扩大，劳动生产率进一步提高，实际上是资本主义生产关系的局部调整，此后，资本主义经济发展的速度加快。同时，控制垄断组织的大资本家为了攫取更多的利润，越来越多地干预国家的经济、政治生活，资本主义国家逐渐成为垄断组织利益的代表者。垄断组织还跨出国界，形成国际垄断集团，要求从经济上瓜分世界，促使各资本主义国家加紧了对外侵略扩张的步伐。19世纪末20世纪初，美、德、英、法、日等主要资本主义国家相继进入帝国主义阶段。

第二次工业革命极大地推动了生产力的发展，对人类社会的经济、政治、文化、军事、科技和生产力产生了深远的影响。第二次工业革命促进生产力飞跃发展，使社会面貌发生翻天覆地的变化，形成西方先进、东方落后的局面，资本主义逐步确立起对世界的统治地位。第二次工业革命使得资本主义经济、文化、政治、军事等各个方面发展不平衡，帝国主义争夺市场经济和世界霸权的斗争更加激烈。第二次工业革命促进了世界殖民体系的形成，使得资本主义世界体系最终确立，世界逐渐成为一个整体。第二次工业革命进一步增强了人们的生产能力，交通更加便利快捷，改变了人们的生活方式，扩大了人们的活动范围，加强了人与人之间的交流。

在电气时代，虽然生产力的飞速发展极大地推动了人类社会的进步，但随着时间的推移，这种生产力也遇到了发展的瓶颈，无法继续以同样的方式推动社会的发展。随着生产规模的进一步扩大和生产需求的不断提高，电力已经无法满足更高效的生产需求。同时，信息技术的快速发展也需要更先进的计算机技术和网络技术来支持信息的处理和传播。

电气技术的广泛应用虽然极大地提高了生产效率，但也带来了资源的过度消耗和对环境的破坏。大规模的工业生产导致能源的过度使用和废弃物的排放，对环境造成了严重的影响。这种不可持续的发展模式限制了生产力的进一步发展。随着电气技术的普及，信息交流和知识传播的速度大大加快，但也出现了信息过载和知识碎片化的问题。人们面临着海量的信息和快速变化的技术环境，难以有效地筛选、整合和应用这些知识，从而影响了创新和生产力的进一步提升。此外，电气时代的社会关系也面临着新的挑战。虽然电气技术的发展为人们的生活带来了便利和舒适，但也加剧了社会的不平等现象。数字鸿沟、技术失业等问题日益突出，限制了生产力的进一步释放。因此，虽然电气时代的生产力在一定程度上推动了人类社会的发展，但当其发展到一定阶段后，由于资源、环境、信息和社会等方面的限制，无法继续以同样的方式推动社会的进步。这为下一次生产力的飞跃——信息时代的到来奠定了基础。

1.3 数字文明：信息时代

随着计算机的出现和逐步普及，人类进入了信息时代，由此步入数字文明。随着计算机技术和互联网的兴起，人类社会的信息处理和传播方式发生了深刻的变化。从20世纪四五十年代开始的新科学技术革命，以原子能技术、航天技术、电子计算机技术的应用为代表，还包括人工合成材料、分子生物学和遗传工程等高新技术。第三次科技革命的出现，既是由于科学理论出现重大突破，形成一定的物质、技术基础，也是由于社会发展的需要，特别是第二次世界大战期间和第二次世界大战后，各国对高科技的迫切需要。

技术驱动是数字文明发展的核心动力。随着计算机和互联网技术的飞速发展，人类社会的信息处理和传播方式发生了深刻变化。数字化技术使得信息可以以二进制代码的形式在计算机中进行处理和传输，极大地提高了信息处理的效率和精确度。此外，大数据、人工智能等技术的不断创新和应用，进一步推动了数字文明的发展。经济基础决定上层建筑，每一次文明形态的重塑都脱离不开技术的驱动。在工业文明时代，人们通过大规模的工业生产提高了生产效率，促进了经济发展。随着工业生产的规模化，人们开始追求更加高效、智能的生产方式，这为数字文明的出现提供了契机。数字技术的应用逐渐渗透到各个领域，成为推动经济发展的重要力量。社会需求也是数字文明发展的重要推动力。随着人们对信息交流和知识获取的需求增加，其对信息技术的要求也越来越高。数字技术满足了人们对于高效、便捷、个性化的信息服务的需求，使得数字文明逐渐成为现代社会不可或缺的一部分。

科技推动社会生产力的发展。以往，人们主要是依靠提高劳动强度来提高劳动生产率；而在数字文明的信息时代，主要是通过生产技术的不断进步、劳动者素质和技能的不断提高以及劳动手段的不断改进来提高劳动生产率。信息技术促进了社会经济结构和社会生活结构的重大变化，造成第一产业、第二产业在国民经济中的比重下降，使得第三产业的比重上升。信息技术的发展不仅极大地推动了人类社会经济、政治、文化领域的变革，而且影响了人类生活方式和思维方式，随着科技的不断进步，人类的衣、食、住、行、用等日常生活的各个方面也在发生重大的变革。

第 2 章　为什么要提新质生产力

"人们所达到的生产力的总和决定着社会状况，因而，始终必须把'人类的历史'同工业和交换的历史联系起来研究和探讨。"①

——马克思、恩格斯：《德意志意识形态》（1845 年 9 月）

"社会主义的本质，是解放生产力，发展生产力，消灭剥削，消除两极分化，最终达到共同富裕。"②

——邓小平：《在武昌、深圳、珠海、上海等地的谈话要点》（1992 年 1 月 18 日至 2 月 21 日）

"发展新质生产力是推动高质量发展的内在要求和重要着力点，必须继续做好创新这篇大文章，推动新质生产力加快发展。"③

——习近平：《习近平在中共中央政治局第十一次集体学习时强调 加快发展新质生产力 扎实推进高质量发展》（2024 年 2 月 2 日）

2.1　社会生产力永远是在新质中不断发展的

人类社会是在生产力和生产关系的基本矛盾运动中发展的，其中生产力决定着生产关系，从而决定着人类社会发展的方方面面，成为推动人类

---

① 《马克思恩格斯选集》（第 1 卷），人民出版社 2012 年版，第 160 页。
② 《邓小平文选》（第 3 卷），人民出版社 1993 年版，第 373 页。
③ 《习近平在中共中央政治局第十一次集体学习时强调 加快发展新质生产力 扎实推进高质量发展》，《人民日报》2024 年 2 月 2 日第 1 版。

社会发展的决定性力量。而生产力自身处在不断的新质化运动中,每一次新质化都带来人类社会发展的跨越,那么整个人类社会的进步在理论上就呈现为生产力不断新质化推动的结果。

2.1.1 生产力是人类社会发展的决定性力量

人类存在的第一活动就是为满足生存需要而进行的物质生产活动,这是其他一切活动展开的根本依托,存在于人类社会发展的所有历史阶段。人们通过从事物质生产活动获取生产物质资料的能力称作生产力,它的变化牵动着社会各个方面的变化,成为推动人类社会发展的决定性力量。生产力作为创造财富的能力向来为经济学家所重视,色诺芬、托马斯·孟、威廉·配第等早期学者关于如何增进社会财富的经济思想实际上都涉及如何发展生产力的问题,但直至马克思、恩格斯,才透过历史的迷雾和纷繁的表象发现生产力是人类社会发展的根本动力。

马克思、恩格斯指出,"人们所达到的生产力的总和决定着社会状况"[1]。生产力首先决定着生产关系,而生产关系的总和构成经济基础,经济基础又决定着政治、法律、文化等社会上层建筑。因此生产力通过对生产关系发挥决定性作用,进而决定着生产方式、经济形态、社会制度等人类社会的一切领域。生产力一旦发生变化,就"必然引起他们的生产关系的变化"[2],从而引起经济基础和上层建筑的变化,使社会的方方面面都随之变化。生产力不仅总是处于变化之中,而且总是处于永恒的新质化的运动之中,旧的生产力总是为发展了的更高一级的新的生产力所取代,使得原来起积极作用的生产关系因为生产力的新发展而转变为生产力的桎梏,进而为另一种适应新的生产力的生产关系所取代。此时,"随着经济基础

---

[1] 《马克思恩格斯选集》(第1卷),人民出版社2012年版,第160页。
[2] 《马克思恩格斯选集》(第1卷),人民出版社2012年版,第233页。

新质生产力：如何看？怎么办？

的变更，全部庞大的上层建筑也或慢或快地发生变革"①，最终推动人类社会从一个形态迈进另一个形态。

在生产力由量变到质变的发展中，为生产力所决定的生产关系也会反作用于生产力。与新的生产力成长不相适应的生产关系会对生产力新质化起到阻碍作用，反之则起促进作用。因此，如果能够正确地发挥人的主观能动性，自主革除那些已经落后于发展了的生产力进而成为生产力发展束缚的生产关系，就能加速生产力的新质化进程。这一思想的正确性在后来的社会主义建设实践中得到了充分的检验，改革生产关系和与之相联系的上层建筑成为社会主义社会实现经济赶超和保持经济健康的一大法宝，邓小平将其凝练为改革是解放生产力的必由之路。事实上，通过生产关系和上层建筑革新来促进生产力发展已经成为广大发展中国家的经济赶超策略，发展经济学和制度经济学也强调要通过制度变迁来推动生产力的发展，但这种重视只是看到了改革在技术层面发展生产力的实际效用，并没有把握到生产力与生产关系基本矛盾的底层逻辑。

能对生产力发展施以作用力的，除了人们在生产中结成的社会关系，还有人与自然的关系。以牺牲自然为代价来发展生产力，虽然在短时期内能获得生产力在量上的增加，但也同时从内部积蓄着破坏生产力的能量，当这种牺牲程度达到自然约束线的临界值时，生产力将遭遇彻底的摧毁。恩格斯警告人们，以破坏自然来发展生产，最终"自然界都对我们进行报复"②。事实证明，我们已经遭到了自然界的报复，生态环境前所未有地脆弱，自然灾害前所未有地频繁，人与自然关系前所未有地扭曲，以消耗自然来发展生产的方式难以为继，只有在保护中才能实现生产力真正的发展。习近平总书记创造性地提出绿色发展理念，强调"保护生态环境就是

---

① 《马克思恩格斯选集》（第2卷），人民出版社2012年版，第3页。
② 《马克思恩格斯选集》（第3卷），人民出版社2012年版，第998页。

保护生产力，改善生态环境就是发展生产力"①，要深刻认识到"绿水青山就是金山银山"②，努力探索绿水青山转化为金山银山的路径，站在人与自然和谐共生的高度谋求生产力新的发展。

2.1.2 生产力本身处于不断新质化的运动当中

生产力是人类社会发展的决定性力量，而生产力本身处于不断新质化的运动之中。马克思、恩格斯认为，运动是一切物质借以存在的形式，而物质的运动遵从"量转化为质和质转化为量的规律"③，生产力的运动亦是如此。生产力的量变无时无刻不在发生，这种微不可察却又从未间断的量的增加为生产力的质变积蓄着能量，当这种能量增大到足以动摇生产力质的根基的程度，生产力就抵达质变的关节点。生产力越过这一关节点后，"量转化为质"④，从量变到质变得以完成。与此同时，新的量变又在新的生产力规定下展开了，最终引发生产力新一轮质变的到来，致使生产力呈现出不断新质化发展的特点。这种不断新质化是生产力自身的运动，生产关系和人与自然的关系是从外部作用于生产力，只能加快或者减慢生产力新质化的进程，而从根本上支撑生产力不断新质化的动力必须从生产力内部去寻找。这种内在的动力，一方面来自生产力构成的要素，另一方面来自生产力发展的产物。

根据马克思在《资本论》中的观点，生产力是劳动者以具体劳动作用于生产资料来创造使用价值的物质力量。其中，劳动者、劳动对象和劳动资料后来被斯大林确定为生产力的三要素，这三大要素从内部给了生产力一个不断新质化的推力。首先，劳动者作为生产力中具有能动性的要素，

---

① 《习近平著作选读》(第1卷)，人民出版社2023年版，第113页。
② 《习近平著作选读》(第1卷)，人民出版社2023年版，第434页。
③ 《马克思恩格斯选集》(第3卷)，人民出版社2012年版，第901页。
④ 《马克思恩格斯选集》(第3卷)，人民出版社2012年版，第905页。

新质生产力：如何看？怎么办？

为了满足生存的需要而发展生产力，当生产力发展到可以维持基本生计的水平以后，劳动者就会出现更高层次的物质需要，来推动生产力进一步发展。其次，劳动对象包括天然存在的物质资料和经过劳动过滤的原料，这些东西都是直接或间接从自然界获取的产物，当然离不开自然的作用力，所以生生不息的自然力也赋予生产力一个内在的驱动力。最后，劳动资料也被称为生产工具，作为生产力新质化的指示器，生产工具一直处在不断的改进当中，每一次重大改进都促进生产力实现规模化增进，而促使生产工具不断改进的动力来自生产力的另一大关键要素——科学。

马克思曾明确指出，"生产力中也包括科学"。科学是人类智慧的物化凝结，可以通过改进生产技术和改良生产工具来提高生产效率，充当着社会生产力的增量器，在后来的社会主义实践中，科学增量器的作用得到充分凸显。特别是伴随着社会主义建设事业在中国的落地开花，科学对生产力发展的推力越来越明显，中国共产党人将科学与生产力的关系提到新的高度，明确"科学技术是第一生产力"[①]，是生产力不断新质化的第一动力。无独有偶，西方经济学也十分重视科学技术对生产力的推动作用。比如熊彼特的创新生产力理论，就将经济增长的原动力归结为创新，其中科学技术创新是重中之重，对社会变革起巨大的推动作用。罗斯托的经济成长阶段理论，认为科技成果是经济增长的源泉和基础，直言"现代增长源于新技术在有效的基础上的不断扩散"[②]。贝尔、卢卡斯、罗默等的知识生产力论，更是将科学技术摆在了生产力进步的中心位置，认为知识经济引起了生产力新质的变化，使生产力结构正在由"'物质要素主导型'转向'智力要素主导型'"[③]。库兹涅茨的经济增长理论同样认为，现代经济增

[①] 《邓小平文选》（第3卷），人民出版社1993年版，第274页。
[②] [美] W. W. 罗斯托：《经济增长的阶段：非共产党宣言》，郭熙保、王松茂译，中国社会科学出版社2001年版，第8页。
[③] 叶正茂、许玫、洪远朋编著：《经济理论比较研究》，复旦大学出版社2022年第2版，第73页。

长的重要因素之一就是知识存量的增长,科学技术对生产力具有巨大的驱动作用。[①]

除了生产力的构成要素会赋予生产力一个内在推力,协作、分工、开放等生产力发展的直接产物也会从内部推动生产力进一步新质化。协作既是生产力发展的产物,也是生产力发展的基础,人类的任何生产活动都离不开协作,从原始社会到现代社会,协作始终同生产力的进步相伴相生,成为促进生产力新质化的重要手段。而分工作为生产力新质化运动的另一重要推手,很早就得到经济学家们的关注。最早使用"经济"一词的古希腊历史学家色诺芬就发现分工可以增加社会财富;"政治经济学之父"威廉·配第则直接指出分工和科学都对社会财富的增进起正向作用;到古典经济学的集大成者亚当·斯密时,研究国民财富增进的视角已经转为劳动生产力的提高,建立起了以分工为起点的一整套研究如何提高生产力的完整理论。分工是生产力发展到一定规模后的产物,它的出现使得协作从简单协作发展到了复杂协作,使每一个生产个体都更加紧密地成为生产集体的部分,加快了社会生产力新质化的脚步。开放则是生产力发展到出现剩余产品后的产物,是经济体生产力外溢的必然选择,伴随着市场的拓展而不断将世界兜入经济的罗网,推动着生产力新质化在世界范围内的拓展延伸。早在17世纪,重商主义的主要代表人物托马斯·孟就著述了《英国得自对外贸易的财富》,罗列了大量论据来支持对外开放可以促进国家财富积累的观点。随着世界市场的持续扩展,全球经济越来越紧密地链合在一起,开放对生产力发展的推进作用不断增强,正驱动着生产力最新一轮的新质化运动。

[①] 李庆臻、安维复:《科技生产力论》,山东大学出版社2022年版,第78页。

2.2 人类进入了数字技术引领的生产力时代

人类社会诞生至今，伴随着科技进步和产业变革，已历经多次生产力的新质化，每一次新质化都推动着人类社会向前发展。当前，新一轮科技革命和产业变革加速演进，生产力正在经历一次颠覆式巨变，推动着人类社会大踏步迈进由数字技术引领的生产力新时代。

2.2.1 数字技术引领的生产力新时代

1946年，世界上第一台通用电子计算机在美国宾夕法尼亚大学诞生，将现代计算机从理论设想变为现实具象，在电气化蓬勃发展的生产力体内埋下了裂变的种子。从计算机问世一直到20世纪80年代，计算机一直朝着结构简单化、运算高速化的方向发展，逐步从专业使用走向个人通用。随着电子计算机向个人计算机发展，整个人类社会的发展将从交往形式开始逐一变革，直至全部的领域都以新的形态展现在世人面前。这意味着，生产力新一轮的新质化即将开始它的量变之旅，为人类社会的新跨越积蓄动能。

【专栏2-1】第一台计算机的问世

早在1936年，英国数学家、逻辑学家艾伦·麦席森·图灵就发表了题为《论可计算的数及其在密码问题中的应用》的论文，提出了被后人称为图灵机的逻辑机通用模型，对现代计算机进行了初步的设计和理论的奠基。之后，美国宾夕法尼亚大学的四位科学家和工程师组成的莫尔小组经过反复研制和测试，研发了"由17468个电子管、6万个电阻器、1万个电容器和 6000 个开关组成，重达 30 吨，占地 160 平方米，耗电 174 千瓦"① 的第一台通用电子计算机，被称作"电子数值积分和计算机"。

20 世纪 80 年代初期，互联网由军事专用逐步向社会开放，电脑逐步向"个人化"发展，手机开始面向市场进行销售，生产和生活的相关信息以数字化的方式被收集、储存、加工和分析，个体以全新的数字形式被紧密地联系在一起，世界经济和世界交往的模式开始变革，社会生产信息化初露头角，数字化开始起步，生产力量变的阀门业已开启。新的生产力开始在传统生产力母体中成长起来，逐步显示出它所蕴藏的巨大推力。20 世纪 90 年代，美国创造了连续 118 个月的快速增长奇迹，呈现出"高经济增长率、低失业率、低通货膨胀率并存的'一高两低'高质量增长特征"②，彰显着新的生产力变革已经开始成为推动人类社会发展的重要力量。

"进入 21 世纪以来，新一轮科技革命和产业变革正在孕育兴起"③，人工智能、互联网、大数据、云计算、区块链等数字信息技术加速迭代，生物技术、新能源技术、新材料技术同数字信息技术交叉融合，一种颠覆式的系统性生产力变革方兴未艾，智能机器替代功能机器成为社会主要劳动资料的趋势日益明显，人类社会迈向由数字技术引领的生产力新时代。2000 年 5 月，第一款 WAP 手机诺基亚 7110 将手机和互联网连在了一起。随着通信技术的不断迭代，移动支付、共享经济等新兴业态快速发展，人们可以通过手机购物、打车、点餐，手机逐渐成为生活不可或缺的多功能设备。作为互联网终端主体的手机将用户拉入数字生活的同时，人工智能、大数据、云计算、区块链等数字技术日新月异，数据存储、数据流

---

① 冯昭奎:《科技革命与世界》，社会科学文献出版社 2018 年版，第 21 页、第 22 页。
② 赵立斌、张莉莉:《数字经济概论》，科学出版社 2020 年版，第 21 页。
③ 《习近平关于科技创新论述摘编》，中央文献出版社 2016 年版，第 81 页。

新质生产力：如何看？怎么办？

转、数字标准快速发展，数字技术对农业、制造业、服务业等传统产业的数字化改造进程日渐加快，智慧农业、智能制造、智慧物流、互联网金融等数字经济领域全面开花。其中，人工智能成为新一代数字技术的引擎，牵引着数字经济进入以人工智能为核心的智能化阶段。

【专栏2-2】数字技术发展的新方向——人工智能

人工智能具有溢出带动性强、扩散辐射性强和融合渗透性强的特点，是数字技术发展的新方向。习近平总书记在十九届中央政治局第九次集体学习时强调："人工智能是引领这一轮科技革命和产业变革的战略性技术，具有溢出带动性很强的'头雁'效应。在移动互联网、大数据、超级计算、传感网、脑科学等新理论新技术的驱动下，加上经济社会发展对信息技术的需求旺盛，人工智能加速发展，呈现出深度学习、跨界融合、人机协同、群智开放、自主操控等新特征，正在对经济发展、社会进步、国际政治经济格局等方面产生重大而深远的影响。[①]"

2.2.2 人类社会已进入由数字技术引领的新时代

以数字技术为引领的生产力新时代的到来，首先引起了学者们的广泛关注，学者们用数字时代、信息时代、智能时代、网络时代、工业4.0时代等表述来刻画这个新的时代。

1973年，哈佛大学社会学家丹尼尔·贝尔所著的《后工业社会的来临》一书出版，认为"围绕着知识组织起来的"[②] 的后工业社会已经到来，在这个时代知识经济成为引领生产力革新的主要力量，这是对约瑟夫·熊

---

① 《习近平关于网络强国论述摘编》，中央文献出版社2021年版，第119页。
② [美]丹尼尔·贝尔：《后工业社会的来临——对社会预测的一项探索》，高铦、王宏周、魏章玲译，商务印书馆1984年版，第26页。

彼特《经济发展理论》中发展源自创新,而知识和信息是创新关键的时代回音。1980年,美国未来学家阿尔文·托夫勒则在其风靡全球的《第三次浪潮》一书中向世界宣告,继农业革命、工业革命两次重大历史浪潮之后,信息革命引领人类社会进入第三次浪潮。这个新时代被冠以空间时代、信息时代或电子时代的称谓,托夫勒曾将其称为"超工业社会"①,并在之后出版的著作《创造一个新的文明》中强调了数字网络对这次社会重大变革的关键性作用。1982年,未来学家约翰·奈斯比特发表的《大趋势》直言人类社会早已进入由信息技术引领的新时代,并从十个方面描述了信息社会的重大变化。②

进入20世纪90年代以后,数字技术作为新一代信息技术牵引生产力革新的作用越来越明显,学者们在论及人类社会新时代时更多采用了数字时代来刻画。1996年,唐·泰普斯科特在《数据时代的经济学:对网络智能时代机遇和风险的再思考》中写道,以数字技术为引领的"新技术浪潮正在无情地把我们推向数字化经济"③,数字经济将成为生产力发展的重要引擎。丹尼尔·伯斯坦和戴维·克莱恩(1998)观察到以数字信息技术为引领的数字革命,指出数字革命后世界进入新的时代,是一个能够促进新生产率巨大提高的时代,将带来工作、技能和利益,是一个能够迅速提高全社会生活水平的黄金时代。④

与此同时,伴随着我国数字技术的突飞猛进,国内学者对以数字技术为引领的生产力新时代的讨论也日趋深入。程钢(1999)认为在数字化时

---

① [美]阿尔文·托夫勒:《第三次浪潮》,朱志焱等译,新华出版社1996年版,第4页。
② [美]约翰·奈斯比特:《大趋势——改变我们生活的十个新趋向》,孙道章等译,新华出版社1984年版,第14页、第15页。
③ [美]唐·泰普斯科特:《数据时代的经济学:对网络智能时代机遇和风险的再思考》,毕崇毅译,机械工业出版社2016年版,第19页。
④ [美]丹尼尔·伯斯坦、戴维·克莱恩:《征服世界 数字化时代的现实与未来》,吕传俊、沈明译,作家出版社1998年版,第293页。

新质生产力：如何看？怎么办？

代,"信息和知识的制造与传播随着数字化技术的高度发展变得越来越大、越来越快,这些发展必将改变社会经济的发展模式和人类的生存方式"[①]。许丕盛（2001）认为在新的时代信息成为新的生产力要素,带来经济效益和社会效益的提升。[②] 赵越（2002）认为数字经济时代已经来临,生产生活方式都将发生重大改变,使我们的社会经济发展发生重大的变革。[③] 之后,学者从多个维度聚焦数字技术对新时代展开讨论,认为数字技术的变革将牵动生产力迈向崭新的阶段。孙德林和王晓玲（2004）认为,当今世界正发生着人类有史以来最为迅速、广泛、深刻的变化,计算机等生产工具革命带来数字经济的成长,并指出,"在数字时代中,发展中国家可以充分利用数字经济中的后发性优势,缩小与发达国家的数字鸿沟"。[④] 王梦菲和张昕蔚（2020）认为在数字时代,数字技术重塑传统生产模式,正推动着生产力发生重大演变。[⑤] 自新质生产力提出以后,以数字技术为引领的生产力新时代有了更为明确的研究指向,学者对这个全新时代的把握进一步聚焦到生产力质变上来,这将是人类历史上又一次生产力的能级质变。

2.2.3 在新一轮生产力变革中占得先机

以数字引领的生产力新时代的到来牵动着社会方方面面的变化,给世界发展带来机遇与挑战。世界主要经济体为了把握机遇,纷纷就新的时代做出积极回应,紧锣密鼓地进行战略部署,力图在新一轮生产力变革中占得先机。

---

① 程钢:《数字化信息革命和现代远程教育》,《求索》1999年第4期。
② 许丕盛:《数字化时代:企业管理新挑战》,《企业管理》2001年第2期。
③ 赵越:《数字经济给我们的启示》,《经济问题探索》2002年第2期。
④ 孙德林、王晓玲:《数字经济的本质与后发优势》,《当代财经》2004年第12期。
⑤ 王梦菲、张昕蔚:《数字经济时代技术变革对生产过程的影响机制研究》,《当代财经》2020年第1期。

1993年，美国政府为迎接生产力新时代的到来，扭转经济发展动能支撑，计划实施为期20年的"信息高速公路"战略，为之后以数字技术为引领的生产力腾飞打下了硬件设施基础。1998年，美国商务部发布《浮现中的数字经济》报告，在2000年的报告中则去掉了浮现二字，指明数字经济已经成为支撑美国经济增长的核心推动器。时任美国副总统的戈尔强调，"我们的确是处于一个新经济的时代，一个由信息、研究、知识和技术驱动的新经济时代"[1]。之后，美国连续多年发布数字经济专项报告，并配合《联邦大数据研发战略计划》和《国家人工智能研究和发展战略计划》等多项政策法规，积极推进数字技术创新、培育数字经济成长，[2] 2021年，美国数字经济蝉联世界第一，规模达15.3万亿美元，推动着社会生产力的全面升级。

继美国政府积极投身生产力新时代的浪潮，德国、日本、英国等发达国家紧随其后，抓住生产力变革的重大机遇，部署实施一系列前瞻规划，积极培育经济发展新动能。21世纪伊始，日本制定《e-Japan战略》，开始推动数字技术融入日本社会、经济与政务活动中。之后，日本相继提出了《数字日本创新计划》《新一代信息通信技术战略》等一系列规划设计，重点聚焦数字技术的创新与应用，以数字经济为依托着手打造超智能的"5.0社会"[3]。而英国作为第一次工业革命的发源地，为应对生产力新时代的挑战，扭紧数字技术和数字经济，于2009年发布《数字英国》，正式开启数字改革。到2017年，英国的数字技术部门经济价值达到1840亿英镑，数字技术部门已经成为英国经济的优势产业。[4] 与美国、英国不同，

---

[1] 陈志飞：《美国进入数字经济时代》，《全球科技经济瞭望》2000年第11期。
[2] 李西林、张谋明、游佳慧：《美国数字经济发展回顾与展望》，《服务外包》2022年第Z1期。
[3] 李振东、陈劲、王伟楠：《国家数字化发展战略路径、理论框架与逻辑探析》，《科研管理》2023年第7期。
[4] 毛丰付、娄朝晖：《数字经济：技术驱动与产业发展》，浙江工商大学出版社2021年版，第4页。

新质生产力：如何看？怎么办？

德国政府应对新时代的挑战，是从工业领域着手的。从2010年7月发布的《高技术战略2020》到2013年4月正式推出《工业4.0战略》，德国确立了通过新一代数字技术革命推动工业领域研发与创新的战略纲领。之后，德国相继发布《数字化战略2025》和《国家工业战略2030》等规划，充分挖掘数字技术在经济发展中的潜能以确保经济活力。[①] 到2021年，德国数字经济已经跃居世界第三，规模接近2.9万亿美元，为生产力的整体革新奠定了坚实基础。

以数字技术为引领的生产力新时代，不仅引起了发达国家的高度重视，更有可能成为发展中国家打破日益固化的世界分工、产业、利益格局的绝佳契机。为抓住这一时代机遇，中国作为最大的发展中国家，高度重视对数字技术的研发应用、对数字产业的培育发展，坚持以科技创新驱动生产力跃升，战略性新兴产业蓬勃发展，数字经济欣欣向荣，为生产力新质化做好了充分准备。据统计，2022年我国数据产量达8.1ZB，全球占比达10.5%，位居世界第二；我国数字经济规模达50.2万亿元，总量稳居世界第二，占国内生产总值比重提升至41.5%；我国互联网普及率为75.6%，互联网上网人数为10.67亿人，其中手机上网人数为10.65亿人，其中5G用户达5.61亿户，是全球平均水平的2.75倍。

2.3 科学把握新质生产力是实现中国式现代化的物质基础

党的二十大报告明确指出，"从现在起，中国共产党的中心任务就是团结带领全国各族人民全面建成社会主义现代化强国、实现第二个百年奋

---

① 梁正、李瑞:《数字时代的技术——经济新范式及全球竞争新格局》,《科技导报》2020年第14期。

斗目标，以中国式现代化全面推进中华民族伟大复兴"①。新质生产力作为发展的新兴动能，将为实现中国式现代化奠定物质基础，必须科学把握、深入探析。

2.3.1 中国式现代化探索向来重视生产力的推动作用

中国式现代化探索向来重视生产力的推动作用，始终将生产力摆在社会主义社会发展的基本动力位置，坚持将发展作为解决中国问题的关键，团结带领人民开展解放和发展生产力的接续探索，不断夯实中国式现代化深化拓展的物质基础。

（1）探索奠基期（1949—1978年）

新中国成立伊始，我们党就高度重视生产力的推动作用，认为社会主义社会的基本动力是生产力，要求将工作重心转移到解放和发展生产力上来。毛泽东强调全党要以生产建设为中心任务，带领人民"把一个落后的农业的中国改变成为一个先进的工业化的中国"②。经过三年的经济恢复，轰轰烈烈的"三大改造"变革了生产资料所有制，生产要素和生产方式随之改变，全社会的生产热情空前高涨，生产力获得了巨大的推进动能。在变革生产资料所有制的同时，我们党以增强国防力量和促进生产发展为基点，对经济社会总体情况进行了分析，顺势开启了统筹国民经济发展的第一个五年计划，初步搭起我国工业体系构建的骨架。随着"三大改造"的完成和"一五"计划的推进，科学对社会主义经济建设的重要性日益凸显，"向科学进军"势在必行。1956年8月，新中国历史上第一个国家层面的科学技术发展长期规划出台，科技人才和科研机构逐步扩充，科研活动和交流合作有序开展。1963年提出了强调自力更生的《1963—1972年

---

① 《习近平著作选读》（第1卷），人民出版社2023年版，第18页。
② 《建国以来重要文献选编》（第9册），人民出版社2011年版，第31页。

新质生产力：如何看？怎么办？

科学技术发展规划纲要》，科学技术开始从模仿创新转向自主创新。这一时期，科学技术的发展有力推动了经济现代化和国防现代化建设，为生产力的后发赶超奠定了坚实基础。图 2-1 为 1952—1978 年国内生产总值概览。

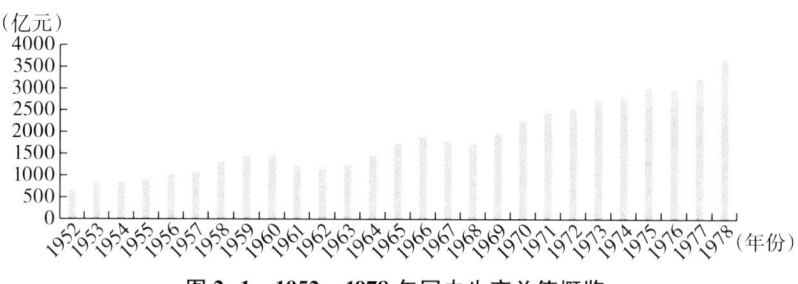

图 2-1 1952—1978 年国内生产总值概览

资料来源：国家统计局。

（2）改革开放期（1978—2012 年）

改革开放以后，我们党把解放和发展生产力纳入社会主义的本质，认为改革也是解放生产力。邓小平指出，"过去，只讲在社会主义条件下发展生产力，没有讲还要通过改革解放生产力"[①]，要求以生产关系的变革为切入口充分解放科技生产力。1984 年 10 月，《中共中央关于经济体制改革的决定》出台，决定发展社会主义公有制基础上的有计划的商品经济。1992 年，党的十四大正式把建立社会主义市场经济体制确立为我国经济体制改革的目标。之后，我国沿着社会主义市场经济的改革方向，大刀阔斧地进行经济体制改革，将生产力从制度藩篱下解放出来，激发了各类市场主体参与生产的充沛活力，为经济社会发展注入了源源不断的动力。同时，依据国家生产力发展的现实需要，制定有针对性的科学发展规划，让科学技术真正成为第一生产力。1986 年的《高技术研究发展计划纲

---

① 《邓小平文选》（第 3 卷），人民出版社 1993 年版，第 370 页。

要》旨在攻克高新技术，2007年的《国家自主创新基础能力建设"十一五"规划》旨在培养自主创新能力，2011年的《国际科技合作"十二五"专项规划》旨在加强国际科技交流合作。这些政策举措加速了技术攻关和产业升级，推动了生产方式由粗放型向集约型转变，助力了生产力的科学发展。图2-2为1978—2012年国内生产总值概览。

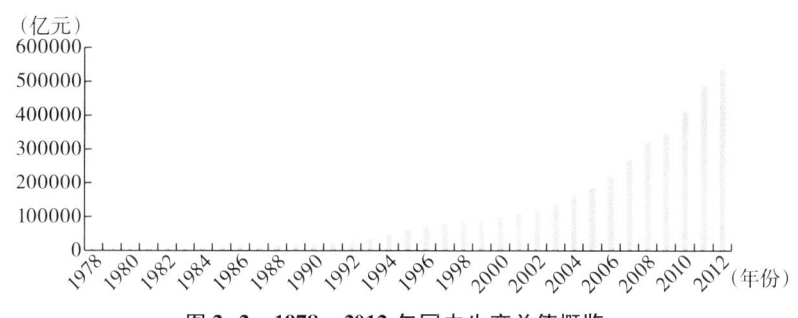

图2-2 1978—2012年国内生产总值概览

资料来源：国家统计局。

（3）创新发展期（2012年至今）

新时代以来，我们党科学研判经济发展的新特征，强调我国经济发展进入"三期叠加"新阶段，要求以加快生产力方式转型为抓手，切实推动生产力实现能级跃升。习近平总书记强调，"我国社会主要矛盾已经转化为人民日益增长的美好生活需要和不平衡不充分的发展之间的矛盾"[①]。经济发展的平衡性和协调性问题日益突出，经济发展的传统动能日渐衰弱，亟须培育新的发展动能，支撑经济实现由高速度增长到高质量发展的顺利转轨。党的十八大以来，我们党坚持以创新为第一动力，紧扣创新驱动发展战略，牵引生产力转型发展。自创新驱动发展战略提出以来，特别是《国家创新驱动发展战略纲要》发布以来，我国以科技创新主导全面

---

① 《习近平著作选读》（第2卷），人民出版社2023年版，第9页。

新质生产力：如何看？怎么办？

创新为支点，以科技创新主导产业升级为落点，科技创新领域成果不断，自主创新能力不断提升，战略性新兴产业蓬勃发展，创新型国家建设稳步推进，大大推动了生产力解放、发展和保护的协同共进。三代核电、5G产业化、新能源汽车、超级计算、高速铁路、大飞机、集成电路等高新技术相继取得突破性进展，全国高新技术企业从2012年的4.9万家增加到2022年的40万家，国家创新指数由2012年的全球第34位上升至2022年的第11位，国内生产总值由2012年的538580亿元攀升至2022年的1210207亿元。图2-3为2012—2022年国内生产总值概览。

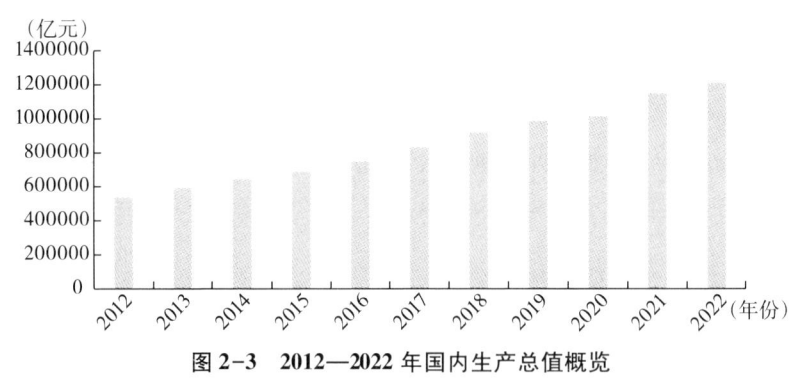

图2-3 2012—2022年国内生产总值概览

资料来源：国家统计局。

2.3.2 全面推进中国式现代化需要科学把握新质生产力

面向第二个百年奋斗目标，立足新的形势环境与发展实际，为进一步拓展中国式现代化，我们需要科学把握新质生产力。首先，整个世界进入了新质生产力的时代，中国式现代化为适应时代变迁，需要科学把握新质生产力；其次，中国式现代化全面推进面临系列难题，破解发展难题需要科学把握新质生产力；最后，中国式现代化全面推进面临多重风险，保障发展格局需要科学把握新质生产力。

(1) 适应时代变迁的需要：整个世界进入了新质生产力的时代

生产力的发展是不以人的意志为转移的永续前进，是作用于人类社会各个历史时期的客观规律。纵观人类社会发展的历史长河，生产力总是经历着由低级向高级的跃迁，每当低级生产力动能得到全部释放时，就会迎来生产力由量变到质变的跃迁，催生出更高一级的生产力为社会进步提供全新动能。当前，世界发展面临资源环境约束趋紧、国际经济复苏缓慢、国际市场活力不足的现实境况，传统要素投入的限度受到制约，传统产业对经济的驱动明显减弱，各个国家围绕资源与市场的争夺有增无减，经济社会到处都透露出一种信号：传统生产力的动能已经越过释放极点开始下滑。与此同时，新一轮科技革命和产业变革迅速发展，互联网、大数据、云计算、人工智能等数字信息技术蓬勃发展，相关产业和技术不断深度融合和交叉渗透，新产业新业态层出不穷，处处都彰显着比传统生产力更高级的生产力动能正在强势增进，而这个更高级的生产力正是新质生产力。面对世界进入新质生产力时代的现实，世界各国都在加快提高科技创新能力，在新质生产力形成的关键领域展开力量角逐，力图塑造未来发展新优势，赢得全球新一轮发展的主动权。我国要在这轮角逐中脱颖而出，全面推进中国式现代化，就必须科学把握新质生产力，培育未来发展新动能。

(2) 破解发展难题的需要：中国式现代化全面推进面临系列难题

自新中国成立以来，尤其是改革开放以来，我国接连创造了生产力在数量和速度上的飞跃奇迹，推动社会的方方面面发生翻天覆地的变化，成功走出了一条极具中国特色的现代化道路。步入新时代以来，我们党领导人民接续奋斗，取得了一系列社会发展的重大成就，成功拓展了中国式现代化。然而，面向第二个百年奋斗目标，仍存在一系列亟待突破的难点问题制约着中国式现代化的全面推进，科学把握新质生产力恰恰是破解系列难题的关键抓手。首先，全面推进中国式现代化面临加快实现发展方式转

新质生产力：如何看？怎么办？

型的难题。当前，高度依赖劳动力、资本、土地等要素投入的传统增长动能日趋衰竭，难以支撑发展方式的高质量转型。新质生产力作为新兴动能，将成为推动高质量发展的引擎，需要我们科学把握。其次，全面推进中国式现代化面临扭转发展不平衡不充分的难题。当前，我国虽然已经取得了现代化建设的一系列伟大成就，但仍然存在着领域、区域、群体间发展的不平衡不充分问题，制约着中国式现代化的深入拓展。作为以数字技术为引领的新质态生产力，新质生产力为破解不平衡不充分问题提供了新的可能，需要我们科学把握。最后，全面推进中国式现代化面临满足人民美好生活需要的难题。当前，人民美好生活需要尚未得到满足，人民获得感、幸福感、安全感仍需进一步充实，现代化建设成果需要更多更公平地惠及全体人民。新质生产力作为促进共同富裕的新推手，兼顾经济效益和社会效益，需要我们科学把握。

（3）保障发展格局的需要：中国式现代化全面推进面临多重风险

党的二十大报告指出"国家安全是民族复兴的根基，社会稳定是国家强盛的前提"[①]，以中国式现代化全面推进中华民族伟大复兴，必须解决好发展与安全两大问题。当前，中国式现代化推进的外部发展环境脆弱，世界经济复苏乏力，全球动荡源和风险点显著增多，外部冲击风险系数显著增加。对内，中国式现代化正在经历动力转换的攻关期，以科技创新为引擎的新质生产力，作为未来发展的核心动能，在为中国式现代化全面推进带来发展机遇的同时，也将带来经济、社会、网络、生态、资源、核、太空、深海、极地、生物等多领域的新风险。以数字技术为例，数字技术的普及与应用带来了发展新机遇，但也带来了一系列新的安全问题。例如大数据在数据挖掘和精准决策的过程中，如果由于系统升级、信息管理或

---

① 《习近平著作选读》(第1卷)，人民出版社2023年版，第43页。

技术更新出现了数据泄露,就可能会给个人、企业、国家带来安全风险。再如云计算在资源集聚和云端储存的过程中,如果提供数据服务的平台存在系统漏洞或者允许后台暗箱操作,那么就可能给使用者带来隐私泄露的风险。尤其是作为"牛鼻子"的人工智能技术,人们早就对其可能带来的失业风险表示出担忧,而新近出现的 AI 新型诈骗技术再次引发社会对新技术的风险关注。因此,面向全面建设社会主义现代化国家的新征程,为了有效防范化解多重风险,以安全格局保障发展格局,必须科学把握新质生产力,在统筹发展与安全中不断拓展中国式现代化。

2.3.3 新质生产力奠定中国式现代化的物质基础

新质生产力作为新质态的生产力,不仅为中国式现代化创造新动能、为中国式现代化塑造新优势,还为中国式现代化营造新环境,全方位夯实着中国式现代化的物质基础,需要深入理解、全力推进(见图 2-4)。

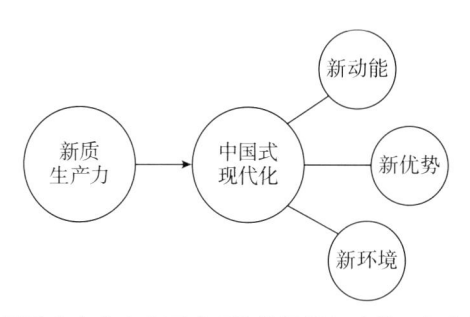

图 2-4 新质生产力为中国式现代化提供新动能、新优势、新环境

(1)新质生产力为中国式现代化创造新动能

生产力历来担任着社会发展动力源的重要角色,符合数字时代演进方向的新质生产力将为中国式现代化的实现提供全新动能支撑。新质生产力将科技创新要素摆在核心位置,优化重组生产要素配置,促进社会生产效率能级提高,创造出巨大的物质财富,是"基于科学发现、技术突破和创

新质生产力：如何看？怎么办？

新应用所形成的支撑经济增长的新动力"①。在支撑经济获得数量增进的基础上，新质生产力紧紧依靠科学技术进步，以颠覆性关键技术为突破口，从供给和需求两端发力，为人们的高品质生活提供高质量产品，不断满足人民的美好生活需要。从供给端来看，新质生产力是高素质劳动力主体运用智能化生产设备生产高质量产品的生产力，与之相适配的科技能力强、管理能力强、组织能力强的高科技企业，最终聚合搭建起效能高结构优门类全的产业体系，全面增强社会品质化供给的总体能力。从需求端来看，新质生产力是能够满足消费者高品质需求的生产力，数字技术等新的生产技术能够精准分析全面掌握消费者多样化的需求，从而为消费者个性化服务的提供创造可能，以需求端撬动供给端优化调整，不断催生出新产业新业态新模式，为中国式现代化的拓展提供高质量物质财富的积累。同时，新质生产力还牵引着社会生产生活方式的普遍变革，为中国式现代化的全方位拓展注入源源不断的新动能。

（2）新质生产力为中国式现代化塑造新优势

当前，我国人口红利逐渐消失，自然负荷难堪新重，"劳动力和自然资源等要素禀赋的比较优势逐渐下降，出口贸易产品成本不断提高，传统的低成本优势正渐渐丧失"②，迫切需要为中国式现代化的深入拓展打造新的竞争优势。首先，新质生产力是以数字技术为引领的新质态生产力，要求培养数智化劳动者，是"具有知识快速迭代能力、能充分利用新技术、能快速适应数智化机器设备的新型人才"③。因此，新质生产力会倒逼劳动

---

① 徐政、郑霖豪、程梦瑶：《新质生产力赋能高质量发展的内在逻辑与实践构想》，《当代经济研究》2023年第11期。
② 周文、许凌云：《论新质生产力：内涵特征与重要着力点》，《改革》2023年第10期。
③ 石建勋、徐玲：《加快形成新质生产力的重大战略意义及实现路径研究》，《财经问题研究》（网络版试刊），http://kns.cnki.net/kcms/detail/21.1096.F.20231212.1451.002.html，2023年12月13日。

力体系整体素质的提高，转人口红利为人才优势，为中国式现代化塑造新的资源优势。其次，新质生产力是以绿色技术为支撑的新质态生产力，是为绿色发展服务的生产力，追求的是生态保护和经济发展的双重增进。新质生产力以绿色关键核心技术攻关为路径，推行全链条、全流程、全领域的绿色低碳发展，转生态破坏为生态保护，为中国式现代化塑造新的生态优势。最后，新质生产力是以新兴产业为载体的新质态生产力，将牵引我国产业实现整体升级，为中国式现代化塑造新的产业优势。具体来看，新能源、新材料、生物技术、智能制造、数字经济等战略性新兴产业的发展，带动传统产业转型升级，有利于我国依托超大规模市场优势，提升自己在世界产业分工格局中的地位。而量子科技、生物制造、类脑科学等未来产业的培育，为未来产业竞争做好准备，率先占领发展的制高点，有利于未来发展主动权的掌握。

（3）新质生产力为中国式现代化营造新环境

新质生产力不仅为中国式现代化的全面推进创造新的发展动能、塑造新的发展优势，还营造新的发展环境。新质生产力通过整合转化科技创新资源，加强科技创新和产业创新的对接，深度融合创新链、产业链、资金链、人才链，不断以新技术培育新产业、引领产业升级，进而实现经济量的增加和质的提升，有助于稳定健康的经济发展环境的营造。同时，新质生产力作为一种新质态的生产力，在政治、文化、社会、生态文明等中国式现代化建设等不同领域展示出物质基础的奠基作用，有利于中国式现代化建设各个领域新发展环境的营造。在政治建设上，新质生产力中的新兴技术为智慧政府的构建提供物质技术基础，为现代化治理推进营造有利的发展环境。在文化建设上，新质生产力丰富了人民的物质生活，创造丰富人民精神生活的基本条件，为文化事业繁荣营造有利的发展环境。在社会建设上，新质生产力兼顾经济效益和社会效益，共享技术、共享平台、共

新质生产力：如何看？怎么办？

享经济将进一步发展，为共同富裕的扎实推进营造有利的发展环境。在生态文明建设上，"新质生产力具有绿色化、低碳化和智能化的特征，能够有序利用、有度应用、有效运用自然资源"[①]，为美丽中国的建设营造有利的发展环境。

---

① 徐政、郑霖豪、程梦瑶：《新质生产力赋能高质量发展的内在逻辑与实践构想》，《当代经济研究》2023年第11期。

第 3 章　新质生产力是什么

"随着新生产力的获得，人们改变自己的生产方式，随着生产方式即谋生的方式的改变，人们也就会改变自己的一切社会关系。"①

——马克思：《哲学的贫困》（1847 年 7 月）

"科学技术是第一生产力。"②

——邓小平：《科学技术是第一生产力》（1988 年 9 月 5 日、12 日）

"推动发展新质生产力，加快实现高水平科技自立自强，服务高质量发展，为以中国式现代化全面推进强国建设、民族复兴伟业作出更大贡献。"③

——习近平：《习近平在"国家工程师奖"首次评选表彰之际作出重要指示强调 坚定科技报国为民造福理想 加快实现高水平科技自立自强服务高质量发展》（2024 年 1 月 20 日）

3.1　对新质生产力的基本认识

新质生产力是习近平总书记提出的最新创见，是区别于传统生产力的一种全新质态的生产力。要认识一个新的事物，我们首先要认清它的本质

---

① 《马克思恩格斯选集》（第 4 卷），人民出版社 2012 年版，第 410 页。
② 《邓小平文选》（第 3 卷），人民出版社 1993 年版，第 274 页。
③ 《习近平在"国家工程师奖"首次评选表彰之际作出重要指示强调 坚定科技报国为民造福理想 加快实现高水平科技自立自强服务高质量发展》，《人民日报》2024 年 1 月 20 日第 1 版。

新质生产力：如何看？怎么办？

内涵，其他一切的讨论都要建立在这个基础之上。① 显而易见，新质生产力在本质上仍然属于一种生产力，这是它的基本属性。同时，新质生产力一定是生产力新质化后的产物，这是它的基本存在。

3.1.1 新质生产力的本质内涵

2023年9月，习近平总书记在东北考察期间，创造性提出"新质生产力"的重要概念，为中国式现代化的深化拓展指明了引擎所在，要求"整合科技创新资源，引领发展战略性新兴产业和未来产业，加快形成新质生产力"②。

新质生产力概念一经提出，学界就对新质生产力的科学内涵展开了积极的探索，试图对这一概念进行解读释义（见表3-1）。

表3-1　学界关于新质生产力内涵的研究汇总

内涵	主要代表学者
新质生产力是适应数字时代要求的先进生产力	余东华和马路萌（2023）③、杜传忠、疏爽、李泽浩（2023）④、魏崇辉（2023）⑤，等等

---

① 就像我们在花园中发现了一种从未见过的绚烂花朵，我们知道，无论它是什么种类的花，首先它是一朵花，这是其类属规定。其次它正在盛放，这是其存在形式。但具体是什么花，就需要我们通过收集其他信息来逐一对比分辨了。
② 《习近平在黑龙江考察时强调 牢牢把握在国家发展大局中的战略定位 奋力开创黑龙江高质量发展新局面》，《人民日报》2023年9月9日第1版。
③ 余东华、马路萌：《新质生产力与新型工业化：理论阐释和互动路径》，《天津社会科学》2023年第6期。
④ 杜传忠、疏爽、李泽浩：《新质生产力促进经济高质量发展的机制分析与实现路径》，《经济纵横》2023年第12期。
⑤ 魏崇辉：《新质生产力的基本意涵、历史演进与实践路径》，《理论与改革》2023年第6期。

续表

内涵	主要代表学者
新质生产力是以科技创新为内核的新质态生产力	蒲清平和向往（2023）①，周绍东和胡华杰（2023）②，周文和许凌云（2023）③，等等
新质生产力是以新兴产业和未来产业为载体的现代新型生产力	李政和廖晓东（2023）④，庞瑞芝（2023）⑤，高帆（2023）⑥，等等
新质生产力是生产力能级跃迁后的高阶生产力	胡莹（2023）⑦，徐政、郑霖豪、程梦瑶（2023）⑧，程恩富和陈健（2023）⑨，等等

通过上述学者的讨论，根据唯物史观，我们不难发现，首先，新质生产力是在数字信息时代背景下生产力完成新质化以后的产物。其次，学者们普遍认为新质生产力的引擎是科技创新，是新一轮科技革命引发技术变革，由数字技术驱动的生产力新质化。同时，学者们大多赞同以新兴产业作为新质生产力的核心承载，战略性新兴产业和未来产业等新兴产业是新质生产力运行的基本载体，产业升级是新质生产力运行的最终目的。因此，数字信息时代是新质生产力的历史范畴限定，而以科技创新为引擎、

---

① 蒲清平、向往:《新质生产力的内涵特征、内在逻辑和实现途径——推进中国式现代化的新动能》,《新疆师范大学学报（哲学社会科学版）》（网络版试刊）,https://doi.org/10.14100/j.cnki.65-1039/g4.20231017.001,2023年12月13日。
② 周绍东、胡华杰:《新质生产力推动创新发展的政治经济学研究》,《新疆师范大学学报（哲学社会科学版）》（网络版试刊）,https://doi.org/10.14100/j.cnki.65-1039/g4.20231012.001,2023年12月13日。
③ 周文、许凌云:《论新质生产力:内涵特征与重要着力点》,《改革》2023年第10期。
④ 李政、廖晓东:《发展"新质生产力"的理论、历史和现实"三重"逻辑》,《政治经济学评论》2023年第6期。
⑤ 庞瑞芝:《新质生产力的核心产业形态及培育》,《人民论坛》2023年第21期。
⑥ 高帆:《"新质生产力"的提出逻辑、多维内涵及时代意义》,《政治经济学评论》2023年第6期。
⑦ 胡莹:《新质生产力的内涵、特点及路径探析》,《新疆师范大学学报（哲学社会科学版）》（网络版试刊）,https://doi.org/10.14100/j.cnki.65-1039/g4.20231113.004,2023年12月13日。
⑧ 徐政、郑霖豪、程梦瑶:《新质生产力赋能高质量发展的内在逻辑与实践构想》,《当代经济研究》2023年第11期。
⑨ 程恩富、陈健:《大力发展新质生产力 加速推进中国式现代化》,《当代经济研究》2023年第12期。

新质生产力：如何看？怎么办？

以数字技术为驱动、以新兴产业为载体是新质生产力的基本特征。但对于我们开篇提出的新质生产力本质内涵是什么的问题，这样的回答还是不完整的，尚需进一步考察探究。

我们已经知道，新质生产力是生产力新质化后的新形态，而生产力本身就是在不断的新质化运动当中，那么是不是生产力每一次新质化后的形态都能冠以新质生产力的名头？显而易见，答案是否定的。新质生产力一定是区别于一般性新质化的特殊生产力。新质生产力不是生产力的一般变化，而是生产力演化过程中的一种能级跃迁，其具有强大的增量效益，新增量既指向数量增长，更强调质量提升，使得物质财富在原有基础上实现极大丰富，为实现共同富裕奠定良好的物质基础，实现兼具效率和公平的发展。[1]

据此，我们赞同新质生产力不同于一般的生产力新质化，是生产力新质化中的一种能级跃迁。同时，我们认为这种能级跃迁，或者说能级质变，属于生产力的系统性新质化，是新质生产力的本质归属。那么什么是生产力的系统性新质化？我们认为，生产力的系统性新质化是指生产力发生了规模化、复杂化、体系化的颠覆性质变，这种质变从广度、深度、强度上都远远超出一般性新质化的量级，是生产力要素、技术和产业系统的全面革新，引发社会决定性生产部门的转变，带来人类物质生活和精神生活井喷式丰富，牵动整个人类社会跨越式发展。生产力的系统性新质化虽然在能级上同一般性新质化有区别，但又是由一个个一般性新质化累积而成的产物。形象来讲，如果将生产力的一般性新质化看作一种点状的局部的质变，那么当这些点状质变最终连接在一起的时候，就构成一种面状的整体的质变，即生产力的系统性新质化。

---

[1] 徐政、郑霖豪、程梦瑶：《新质生产力赋能高质量发展的内在逻辑与实践构想》，《当代经济研究》2023年第11期。

第3章 新质生产力是什么

人类社会诞生至今,生产力系统性的新质化只完成了两次,每一次都推动着人类社会实现跨越式的发展,成为人类社会发展史上划时代的里程碑。生产力的第一次系统性新质化以磨制石器替代打制石器成为社会主要劳动资料为标识,推动人类社会由渔猎采集时代跨越到农耕时代。生产力的第二次系统性新质化则以机械制器替代人力制器成为社会主要劳动资料为标识,推动人类社会由农耕时代跨越到工业时代。而新质生产力正是正在发生的生产力第三次系统性新质化的科学写照,这次新质化以智能机器替代功能机器成为社会主要劳动资料为标志,将推动人类社会实现由工业时代到数字信息时代的跨越发展。

2024年1月31日,习近平总书记在主持中共中央政治局第十一次集体学习时首次明确了新质生产力的概念,指出"新质生产力是创新起主导作用,摆脱传统经济增长方式、生产力发展路径,具有高科技、高效能、高质量特征,符合新发展理念的先进生产力质态。它由技术革命性突破、生产要素创新性配置、产业深度转型升级而催生,以劳动者、劳动资料、劳动对象及其优化组合的跃升为基本内涵,以全要素生产率大幅提升为核心标志,特点是创新,关键在质优,本质是先进生产力"[1]。同时,习近平总书记强调,"高质量发展需要新的生产力理论来指导,而新质生产力已经在实践中形成并展示出对高质量发展的强劲推动力、支撑力,需要我们从理论上进行总结、概括,用以指导新的发展实践"[2]。这给理论研究提出了新的任务,伴随着新质生产力的茁壮成长,我们需要不断结合高质量发展的新实践,持续深化对新质生产力本质的认识,不断加强对新质生产力内涵的探索。

---

[1] 《习近平在中共中央政治局第十一次集体学习时强调 加快发展新质生产力 扎实推进高质量发展》,《人民日报》2024年2月2日第1版。

[2] 《习近平在中共中央政治局第十一次集体学习时强调 加快发展新质生产力 扎实推进高质量发展》,《人民日报》2024年2月2日第1版。

新质生产力：如何看？怎么办？

3.1.2 新质生产力的运行机理

万事万物总是处于运动之中，"物质本身的各种不同的形式和种类又只有通过运动才能认识，物体的属性只有在运动中才显示出来"[①]，事物的本质只有从运动中才能科学把握。由此，要想科学把握新质生产力，除了从静态视角剖析好新质生产力蕴藏的本质内涵，还需要从动态视角解析好新质生产力运行的内在机理。生产力处于不断新质化的运动当中，而新质生产力是生产力新一轮系统性新质化的现实产物，是对传统生产力要素、技术和产业三大系统的整体革新，是以科技创新为杠杆撬动传统生产力跃升的运动结果。要弄明白新质生产力的运行机理，就要弄清楚新质生产力是如何以科技创新为轴心一步步完成对传统生产力三大系统的全面重塑的。

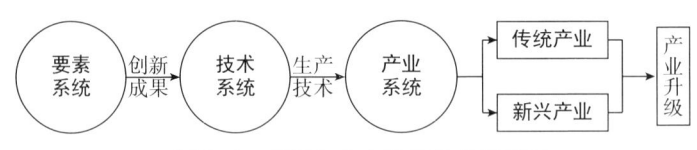

图 3-1　新质生产力运行机理示意图

如图 3-1 所示，在运行过程中，要素系统处于运行的输入端，产业系统处于输出端，而技术系统充当传导体的角色。以科研机构为依托、以高新企业为支柱的多元市场创新主体集合，按照市场需求和国家发展战略需要，集合市场上的生产要素进行生产活动。其中科技创新要素以一定比例产出创新成果，从而在撬动要素系统内部其他要素变革升级的同时，产出的创新成果按照一定的比例转化为新的生产技术。这时，技术系统接收到要素系统变革的力，开始革新系统内的生产技术，诱发技术系统内部的重

---

① 《马克思恩格斯选集》(第 3 卷)，人民出版社 2012 年版，第 942 页。

塑进程。技术系统作为链接要素系统和产业系统的传导媒介，引起产业系统的结构调整。如果承接新技术的产业属于传统产业，那么将导致传统产业中部分产业实现升级改造，其余被淘汰出局。如果承接新技术的产业属于新兴产业，那么将创造出新的产业或者壮大既有的新兴产业，带来新兴产业数量和门类的扩张。这个运行过程循环往复，最终实现产业系统的调整升级，完成三大系统的重塑。从理论机理上来看，要素系统、技术系统和产业系统变革是先后继起的关系，但在现实运行中，并不是要素系统变革完成以后才有技术系统的变革，技术系统变革完成以后才迎来产业系统的变革，恰恰相反，三个系统的变革于时空上是交错进行的。

值得注意的是，在整个运行过程中，有几个作用力会大大缩短三大系统重塑完成的时间。一是科技创新要素的扩张力。科技创新要素除了具有渗透性特质，还具备扩张性特质，所以科技创新要素力量越强，整个运行过程就会得到倍乘加速，从而加快三大系统的重塑进程。二是新要素的牵引力。新要素作为要素系统的新引擎对整个系统的运转具有牵引作用，特别是作为核心要素的数据要素。随着这些新要素的逐步壮大，牵引力会越来越强，三大系统的转速自然加大，从而提前重塑进程完成的时点。三是制度变迁的促进力。制度变迁属于生产关系和上层建筑的调整，科学的制度变迁可以减少生产力跃迁的阻碍，增进生产力跃迁的活力，从而缩短三大系统的重塑时间，更快完成从传统生产力到新质生产力的转变。

3.2 新质生产力"新"在哪里

在认识了新质生产力的本质内涵和运行机理以后，我们还需要聚焦新质生产力的"新"和"质"，来系统探究同传统生产力相比，新质生产力

新质生产力：如何看？怎么办？

究竟"新"在哪儿，"质"如何。[①] 习近平总书记指明，新质生产力是"由技术革命性突破、生产要素创新性配置、产业深度转型升级而催生"[②]。因此直观来讲，同传统生产力相比，新质生产力的"新"主要表现在新要素、新技术和新产业三个方面。

3.2.1 新要素

同传统生产力相比，新要素首先表现为要素构成之"新"。传统生产力的生产要素包括劳动者、劳动资料、劳动对象和科学技术。而新质生产力的生产要素除包括劳动者、劳动资料和劳动对象三大基本要素以外，还转科学技术为科技创新要素，并新添加了数据要素、空间要素和生态要素。显而易见，新质生产力要素的"新"突出表现在三个方面：一是科学技术要素到科技创新要素的"新"转化。这一转化是新质生产力以"创新"为特点的突出表现。在传统生产力的要素构成中，科学技术要素主要是知识的资源存储形式，这一资源的生产形式包括经验积累和创新发明。科技创新要素则以创新为驱动，升级了科技要素，让依靠创新形式生产的知识成为资源主体，从而扩展了知识性资源的生产边界，缩短了知识性资源的生产周期。二是劳动者、劳动资料、劳动对象三大传统要素的"新"升级。劳动者、劳动资料、劳动对象作为生产三大基本要素，在传统生产力和新质生产力两大要素系统中都占有一席之地，但相比于传统生产力，新质生产力的三大要素都发生了能级质变。在中共中央政治局第十一次集

[①] 就像之前在花园中看到的那朵不认识的花，现在我们已经知道了它是一朵芙蓉花，但要下一次在百花丛中一眼认出它，就还需要抓住这朵芙蓉花的色、形、香等独有的特征。

[②]《习近平在中共中央政治局第十一次集体学习时强调 加快发展新质生产力 扎实推进高质量发展》，《人民日报》2024年2月2日第1版。

体学习时,"劳动者、劳动资料、劳动对象及其优化组合的跃升"[1] 被正式纳入新质生产力的基本内涵。三是数据、空间、生态三大要素的"新"加入。这三个新加入的要素都与科技创新要素密切相关,属于科学技术进步的衍生要素,正在成为要素系统变革的新引擎。

【专栏3-1】初次会面,三大新要素的简介略读

新生事物总是需要多加了解,为了让大家对数据、空间、生态三个新要素有一个粗略的认识,我们对三者作简要介绍。首先,根据2021年发布的《中华人民共和国数据安全法》对数据的定义,数据是"任何以电子或者其他方式对信息的记录"[2],因此数据要素可以被理解为信息的资源存储形式。其次,根据列斐伏尔1974年的代表作《空间的生产》中的空间概念,空间包含着绝对空间、抽象空间、共享空间、资本主义空间、具体空间、矛盾空间、文化空间等多种类型[3],但我们此处论及的空间要素隶属于经济空间的范畴,主要是指土地等可以提供生产空间的资源。最后,根据生态经济学的定义,生态要素可以被理解为生态经济系统中与人类生产生活密切相关的自然资源。

同时,"新"要素更表现为要素系统结构之"新"。传统生产力的要素系统结构是"三点一线两圈"的平面结构,劳动者、劳动资料、劳动对象在内圈,由劳动资料连接两端,一端是劳动者,另一端是劳动对象,构成"三点一线",而科技要素在外圈,对其他三个要素起影响作用(见图3-2)。

---

[1] 《习近平在中共中央政治局第十一次集体学习时强调 加快发展新质生产力 扎实推进高质量发展》,《人民日报》2024年2月2日第1版。
[2] 全国人大常委会办公厅:《中华人民共和国数据安全法》,中国民主法制出版社2021年版,第4页。
[3] 包亚明主编:《现代性与空间的生产》,上海教育出版社2002年版,第83页。

新质生产力：如何看？怎么办？

新质生产力的要素系统则是"一个球心三个圈层"的立体结构，球心是科技创新要素，自成第一圈层，而由科技创新诱生的核心要素数据、科技创新的主体劳动者、科技创新转化的媒介劳动资料处于第二圈层，劳动对象和生态、空间两个新的生产要素处于第三圈层，三个圈层互动联通、层层渗透（见图3-3）。

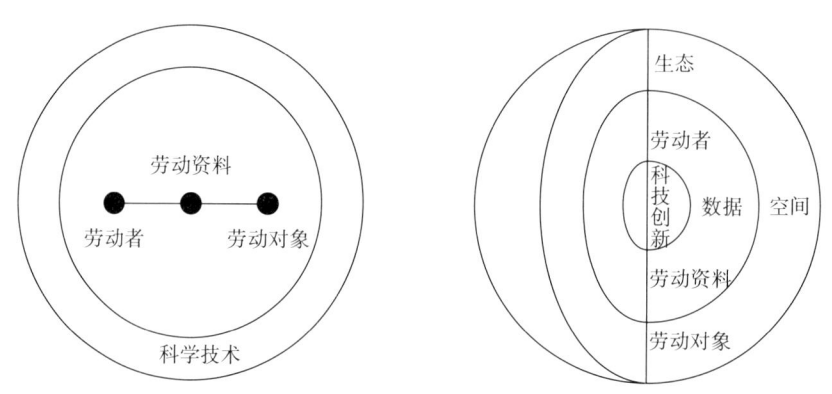

图3-2 传统生产力的要素系统结构示意图　　图3-3 新质生产力的要素系统结构示意图

习近平总书记指出，"科技创新能够催生新产业、新模式、新动能，是发展新质生产力的核心要素"[①]。不难发现，在新质生产力的要素系统结构中，科技创新处于核心位置，其他要素按照与科技创新要素的紧密程度来组建排布，科技创新要素对整个要素系统起决定性作用，而传统生产力中科技要素只是作为影响因素发挥着促进作用。同时，新质生产力的要素系统具有互动联通、层层渗透的特点，也就是说各要素之间的流通是高度灵活的，相互之间存在作用关系，牵引着彼此发生变动。传统生产力的要素系统中要素之间互动与联通的灵活程度不及新质生产力的要素系统，是因为新质生产力要素系统中的数据要素改变了要素之间联通的方式，使得

---

① 《习近平在中共中央政治局第十一次集体学习时强调 加快发展新质生产力 扎实推进高质量发展》，《人民日报》2024年2月2日第1版。

各个要素更为紧密地链接在一起，相互依存、相互影响。

3.2.2 新技术

一方面，同传统生产力相比，新技术首先表现为技术系统构成主体之"新"。传统生产力的技术系统以工业技术应用与普及为轴心，以能源开发技术、资源利用技术、装备制造技术、交通运输技术、农业育种技术等为主体。新质生产力的技术系统则以数字信息技术研发与应用为轴心，以先进制造技术、新能源技术、新材料技术、生物医药技术、绿色低碳技术、海洋技术等为主体。

其中，作为新质生产力技术系统轴心的数字信息技术，主要包括云计算技术、大数据技术、物联网技术、人工智能技术、5G通信技术、区块链技术等关键技术，这些技术正凭借自身优越的渗透力和灵活性，牵动着其他先进技术加速迭代。先进制造技术旨在运用微电子技术、自动化技术、数字信息技术等先进技术革新传统制造技术，包括增材制造技术、虚拟制造技术、3D打印技术、智能机器人技术等关键技术。新能源技术旨在勘探、提炼、合成传统能源之外的新能源，主要包括核能技术、太阳能技术、地热能技术、海洋能技术等关键技术。新材料技术旨在对传统材料升级改造，主要包括各类新型材料的制备技术、合成技术、精深加工技术等关键技术。生物医药技术旨在保护人类的生命健康，主要包括生物技术、数字化医疗技术、制药技术、康复技术等关键技术。绿色低碳技术旨在在改善人类生存环境的同时发展生产，主要包括节能低碳技术、清洁能源技术、绿色交通技术、清洁生产技术、污染治理技术、生态改善技术等关键技术。海洋技术旨在拓展生产空间，转潜在生产力为现实生产力，主要包括海洋探测技术、海洋开发技术、海洋通用技术、海洋环境监测技术等关键技术。如表3-2所示。

新质生产力：如何看？怎么办？

表 3-2　新质生产力技术主体构成一览

主要技术	主要技术门类中的代表性关键技术
数字信息技术	云计算技术、大数据技术、物联网技术、人工智能技术、5G 通信技术、区块链技术
先进制造技术	增材制造技术、虚拟制造技术、3D 打印技术、智能机器人技术
新能源技术	核能技术、太阳能技术、地热能技术、海洋能技术
新材料技术	各类新型材料的制备技术、合成技术、精深加工技术
生物医药技术	生物技术、数字化医疗技术、制药技术、康复技术
绿色低碳技术	节能低碳技术、清洁能源技术、绿色交通技术、清洁生产技术、污染治理技术、生态改善技术
海洋技术	海洋探测技术、海洋开发技术、海洋通用技术、海洋环境监测技术

另一方面，新技术表现为技术研发之"新"。首先，从技术研发的投入与产出来看，传统生产力呈现线性增长的特点，而新质生产力呈现指数增长的特点。从线性增长到指数增长，不单单意味着新质生产力在技术研发投入和产出数量上均发生了量级跃升，而且是从技术研发投入到产出整个周期的缩短。其次，从技术研发的模式来看，传统生产力技术研发的模式是以模仿为主的边际创新，新质生产力技术研发的模式是以自主创新为主的搭配交流借鉴。从模仿创新到自主创新，说明新质生产力在技术研发上要求研发主体具备更高的自主创新能力，从而降低对技术研发的外部依赖，提高技术研发的全流程可控性。但降低外部依赖，并不意味着封闭式自主创新，而是在用好两个市场两种资源基础上的开放式自主创新。习近平总书记强调，"自主创新是开放环境下的创新，绝不能关起门来搞，而是要聚四海之气、借八方之力。要深化国际科技交流合作，在更高起点上推进自主创新"[1]。同时，相比于传统生产力，新质生产力的技术研发还具有融合创新特点。一是当前科学研究呈现出多学科交叉的特点，这就决定了

---

[1] 习近平：《论把握新发展阶段、贯彻新发展理念、构建新发展格局》，中央文献出版社 2021 年版，第 276 页。

新质生产力的技术研发也带有多领域融合创新的特点。二是新质生产力技术系统是以数字信息技术为轴心的,而数字信息技术具有溢出带动性强、扩散辐射性强和融合渗透性强的特点,这也导致新质生产力的技术研发呈现出多领域融合创新的特点。

3.2.3 新产业

首先,同传统生产力相比,新产业表现为产业构成之"新"。要素系统中要素的变革引发技术系统中技术的变革,而技术系统中变革的技术最终由研发成果转为生产技术而参与实际生产过程,产业系统由此发生形变。所以作为要素系统与技术系统的映射,传统生产力的产业系统自然以资源密集型产业为主体,以规模化生产为标的,呈现出高资源消耗低价值产出的特点。而新质生产力的产业系统则以技术密集型产业为主体,以智能化绿色化融合化生产为标的,呈现出低资源消耗高价值产出的特点。具体来讲,新质生产力产业系统的主体由战略性新兴产业和未来产业构成。

其中,战略性新兴产业作为新质生产力的支柱产业,是指立足于国家重大发展战略需求,以关键核心技术突破为驱动,科技含量高、市场竞争力强、带动作用大、经济效益好的产业,对经济社会全局和长远发展起支撑作用。未来产业作为新质生产力的先导产业,是指面向未来社会重大需求,以前沿技术探索为驱动,可能在未来综合效益好、带动作用强,但在当前发展不确定性大、现期收益小的尚处于孕育孵化阶段的新兴产业,对未来经济社会和文明跃迁起支撑作用。

【专栏3-2】战略性新兴产业和未来产业的代表性产业介绍

根据《中华人民共和国国民经济和社会发展第十四个五年规划和2035年远景目标纲要》,战略性新兴产业主要以新一代信息技术、生物技术、

新质生产力：如何看？怎么办？

新能源、新材料、高端装备、新能源汽车、绿色环保以及航空航天、海洋装备等相关产业为代表，而未来产业主要以类脑智能、量子信息、基因技术、未来网络、深海空天开发、氢能与储能等相关产业为代表。[①]

其次，除了产业构成之"新"，新产业还表现为产业结构与布局之"新"。这个"新"，主要体现为新质生产力的产业系统，相比于传统生产力的产业系统，无论是在产业结构上，还是在产业布局上，都具有更强的协调性。所谓产业结构的协调，指的是在新质生产力的产业系统中，新旧产业和三次产业的结构会更加协调。生产力永远处于不断的新质化运动之中，因此与不同生产力质态相对应的产业系统中的产业总是可以划分为旧产业和新产业。相比于传统生产力，新质生产力产业系统中的新旧产业结构将更趋于协调，这是因为数字技术特有的渗透性模糊了新旧产业的边界。数字技术可以通过赋能旧产业，使其焕发出新的活力，以更快的节奏适应生产力的变化态势。而相比于传统生产力，新质生产力产业系统中的三次产业结构将更趋于协调，是因为数字技术特有的融合性推动着三产融合发展。数字技术可以通过赋能农业、工业和服务业来灵活协调三者间的结构，更好地促进生产力的健康发展。所谓产业布局的协调，指的是在新质生产力的产业系统中，产业的区域布局和城乡布局会更加协调。一是伴随新质生产力加快成长的是分工的不断深化，产业间分工的细化和重组将更好划清区域之间、城乡之间的产业发展定位，有利于不同地区结合自身实际打造特色产业以充分发挥比较优势，从而带来产业整体的协调发展。二是新质生产力在形成过程中就以破解发展不平衡为本职，因此随着新质生产力的不断成长，传统生产力遗留的不平衡不协调的产业区域布局和城

---

① 《中华人民共和国国民经济和社会发展第十四个五年规划和2035年远景目标纲要》，人民出版社2021年版，第27页、第28页。

乡布局将逐步得到改善。

3.3 新质生产力"质"是什么

在了解了新质生产力的"新"主要表现在新要素、新技术和新产业三个方面以后，我们还需要科学把握新质生产力的"质"是如何体现的。简单来讲，新质生产力的"质"主要体现为高质量、多质性和双质效三个方面。

3.3.1 高质量

概括来说，新质生产力是能够支撑我国经济高质量发展的生产力。具体来说，高质量首先是指新质生产力追求的是质的有效提升和量的合理增长。新质生产力的重点在质的提升，但不是对量的忽视，有量方可言质，提质也是提量，只有当产量达到一定的规模以后才有实力来提升质量，而有了质量的提升才有可能转产量为销量，从而为进一步扩大生产规模做准备。在量得到夯实的基础上，新质生产力将更多关注质的升级，这种质的升级既指生产全要素的高质量，也指生产全流程的高质量，更指生产全领域的高质量。

首先，生产的高质量指的是生产全要素的高质量，新质生产力是高质量劳动者运用高质量的生产要素生产高质量产品的生产力。其次，生产的高质量是指生产全流程的高质量，新质生产力是运用高精尖技术以高效率要素组合生产高质量产品以适配高品质需求的生产力。最后，生产的高质量也指生产全领域的高质量，因为新质生产力也是推动生产领域、流通领域、分配领域和消费领域共同实现高质量跃升并以此牵动社会其他领域高质量发展的生产力。这种在生产上的高质量，最终会蔓延到经济社会的各

新质生产力：如何看？怎么办？

个领域，从而驱动生产生活方方面面的高质量发展，不断满足人民日益增长的美好生活需要，促进全社会的高质量发展。

3.3.2 多质性

新质生产力是在新发展理念指导下成长起来的生产力，自然以创新性为第一特质，兼具协调性、绿色性、开放性和共享性的特质。新发展理念是进入新时代以来，我们党分析研判国内外发展大势，系统总结发展经验，科学借鉴国际现代化建设基本经验，切实把握社会主要矛盾的深刻变化，以及由此引发的一系列社会发展的新变化、新特点、新形势，提出的符合我国现实国情的发展理念。

在新发展理念指导下成长起来的新质生产力天然就带有新发展理念的五大特征，追求的是创新、协调、绿色、开放、共享五个方面的共同发展。具体而言，新质生产力以创新性为第一特质，要求以科技创新为引擎协同推进理论、实践、制度、文化的全面创新，为创新发展锻造驱动力；新质生产力以协调性为重要特质，要求全力破解发展不平衡的问题，为协调发展锻造驱动力；新质生产力以绿色性为突出特质，要求加快发展方式的绿色转型，为绿色发展锻造驱动力；新质生产力以开放性为关键特质，要求用好两个市场两种资源，为开放发展锻造驱动力；新质生产力以共享性为根本特质，要求以数字经济推动共同富裕，为共享发展锻造驱动力。结合当前生产力变革的实际情况，数字、协作、绿色、蓝色、开放生产力充当着新质生产力内在特性的外接显示器，是新质生产力多质性的直观表现。

3.3.3 双质效

传统生产力以经济效益的增进为生产力质效衡量的唯一标准，在发展的过程中形成了以短期效益增进为特点、以自然资源消耗为代价的粗放式增长路径。作为传统生产力的升级形态，新质生产力的质效衡量标准不再是单一的，而是有着双重规定：在微观生产领域表现为企业对短期和长期质效的双重追求，在宏观生产领域表现为国家对经济和社会质效的双重追求，最后反映到人类社会就表现为全世界对经济和生态质效的双重追求，从而赋予新质生产力双质效的鲜明特点。

首先，从企业生产看，新质生产力既注重短期质效，也注重长期质效，具有以短线积累支撑长线发展的特点。在新质生产力时代，经济增长更多依靠科技创新，这就导致企业的市场竞争力直接与企业的科技创新能力挂钩。而科技创新活动具有前期投入多、远期收益高的特点，这就决定了企业在生产中不得不将长期质效放入企业的整体生产规划中进行考量。同时，企业在市场竞争中形象和品牌价值的作用更为凸显，导致企业不能以单次博弈的胜利为出发点，而必须保证质效的长期稳定性，在多次博弈中兼顾短期质效的提升和长期质效的稳定，才能够得到投资方的垂青。其次，从国家发展看，新质生产力既注重经济质效，也注重社会质效，在支撑中国式现代化的过程中始终以增进民生福祉为目的。中国式现代化是全体人民共同富裕的现代化，要求新质生产力在形成发展的过程中注重经济质效增进的同时注重社会质效的提升，以大数据、云计算、区块链等数字技术为突破口开辟共同富裕的新路径。最后，从人类社会看，新质生产力既注重经济质效，也注重生态质效，坚持在发展中保护、在保护中发展。物质资料的丰富是人类社会发展的基础，但人与自然关系的协调是人类社会存续的根本。过去以牺牲自然为代价的发展模式难以为继，在新质生产力发展的时代，需要以绿色低碳技术为突破口，不断探索经济与生态协调发展的路径，实现经济和生态质效的双重提升。

3.4 新质生产力当前有哪些类型

新质生产力是"新"和"质"相结合的生产力,是我国经济高质量发展的新驱动,当前主要表现为数字、协作、绿色、蓝色和开放五大生产力。这五大生产力是新发展理念内在要求的集中反映,是新质生产力多质性特点的充分体现,它们各有所指、各有偏重,彼此依存、互为促进。如图3-4所示。

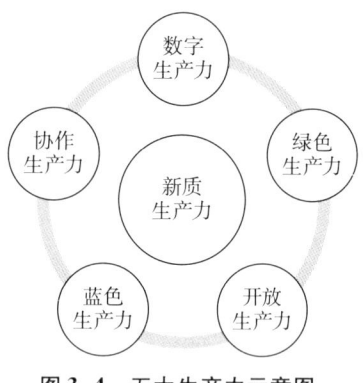

图3-4 五大生产力示意图

3.4.1 数字生产力

数字生产力是指以数据要素为基底、以数字技术为引领、以数字产业为承载,通过对其他生产要素进行数字化转型、对生产技术进行数字化融合、对生产方式进行数字化形变来创造满足社会新需要的物质产品和精神产品的能力。新质生产力以数字信息技术引领的新一轮科技革命为缘起,将数据作为核心生产要素,将数字技术作为关键生产技术,将数字产业摆在主导产业位置,自然以数字生产力作为第一表现形式。当前,数字生产力加快崛起,支撑着数字经济不断做大做强,已经成为推动我国经济转型的新兴动能,正在成为改变全球竞争格局的关键力量。

3.4.2 协作生产力

协作生产力是指立足不同区域的比较优势,通过加强顶层设计来调整优化生产布局,以供应链协作为基础、以创新链协作为驱动、以产业链协作为主体,致力于增强经济发展协调性的能力。马克思早就指出协作不仅能提高个人生产力,而且"创造了一种生产力,这种生产力本身必然是集体力"[1]。作为新质生产力的一大表现形式,协作生产力已经实现了对马克思所界定的协作的生产力在级别上的超越,是以强大的组织力巧妙运用空间要素对生产布局打破重组,依托数字信息技术和空间技术聚合不同区域的优势力量进行高质量生产的复杂化系统性协作。

3.4.3 绿色生产力

绿色生产力是指以经济和生态效益双增长为目标,运用绿色低碳技术转生态资源为生产要素、化生态优势为生产优势,在支撑绿色经济发展中持续满足人民美好生活需要的能力,是在推进全社会生产生活方式绿色转型、促进全世界人与自然和谐共生中产生的。习近平总书记强调,"绿色发展是高质量发展的底色,新质生产力本身就是绿色生产力"[2]。作为新质生产力的一大表现形式,绿色生产力"要求综合应用适当的生产力和环境管理工具、技术和科技,既可减少组织活动、产品和服务对环境的影响,又可提升收益率和竞争优势,实现社会与经济全面发展和人类生活水平持续提高"[3]。

---

[1] 马克思:《资本论》(第1卷),人民出版社2018年版,第378页。
[2] 《习近平在中共中央政治局第十一次集体学习时强调 加快发展新质生产力 扎实推进高质量发展》,《人民日报》2024年2月2日第1版。
[3] 蒋永穆、马文武:《新质生产力是什么?新在哪?》,《四川日报》2023年9月18日第11版。

3.4.4 蓝色生产力

蓝色生产力是指以空间科学为基体、以空间要素为手段、以空间技术为突破，将深海、深空、深地拓展为新的生产空间，实现海陆空资源互补、产业关联，推动海陆空经济一体化外溢出的新的社会生产力。当前，探月探火、深海深地探测加速推进，海洋强国、航天强国加快建设，空间要素持续发力、空间科技持续推进、空间应用持续拓展，蓝色生产力的发展步稳蹄疾，已经成为经济发展的新基点。

3.4.5 开放生产力

开放生产力是指以国内超大规模市场优势为依托，通过国内大循环吸引全球生产要素向内聚合，综合利用国内国际两个市场两种资源，为全世界提供高质量供给，不断提高产品国际竞争力的能力。开放生产力的重点在于打通国内国际两个市场两种资源的关联互动，借国际市场的优势力量为我国发展注入活力，再以国内生产力的质量并进驱动全球生产力的新质化发展。当前，我国加快构建新发展格局，加快推进高水平对外开放，坚持以高水平开放促进高质量发展，以高质量发展推动建设开放型世界经济，开放生产力的能量正逐步释放，开放生产力的优势正逐步显现。

第 4 章　数字生产力

"随着大工业的发展,现实财富的创造取决于科学的一般水平和技术进步,或者说这种科学在生产上的应用。(这种科学,特别是自然科学以及和它有关的其他一切科学的发展,本身又和物质生产的发展相适应)。"[1]

——马克思:《政治经济学批判(1857—1858 年手稿)》

"科学技术是第一生产力。"[2]

——邓小平:《科学技术是第一生产力》(1988 年 9 月 5 日)

"数字技术正以新理念、新业态、新模式全面融入人类经济、政治、文化、社会、生态文明建设各领域和全过程,给人类生产生活带来广泛而深刻的影响。"[3]

——习近平:《习近平向 2021 年世界互联网大会乌镇峰会致贺信》(2021 年 9 月 26 日)

4.1　什么是数字生产力

在数字时代,数字生产力代表着新的、更高的生产力发展方向。由于数字技术更新速度快、渗透能力强,数字生产力所涉及的领域也在不断增

---

[1] 《马克思恩格斯全集》第二版(第 31 卷),人民出版社 1998 年版,第 100 页。
[2] 邓小平:《邓小平文选》(第 3 卷),人民出版社 1993 年版,第 274 页。
[3] 《习近平向 2021 年世界互联网大会乌镇峰会致贺信》,2021 年 9 月 26 日,https://www.gov.cn/xinwen/2021-09/26/content_5639378.htm。

新质生产力：如何看？怎么办？

多，使数字生产力的内涵、特征不断深化和拓展，作用不断增强。因此，认识什么是数字生产力，了解数字生产力如何运行，有助于我们全面、准确、深刻地把握数字生产力的核心要义。

4.1.1 认识数字生产力

（1）人类已进入数字时代

科技是生产力发展的内在驱动力，重大科学技术的创新必然推动社会生产力实现质的飞跃。当今社会，随着大数据、互联网、云计算、区块链、人工智能等新一代数字信息技术的迅猛发展，数字化浪潮席卷而来，数字化应用渗透到人类生产、生活、学习、社交的全领域、全场景、全过程，人类社会发展全面跃入数字时代。马克思强调："各种经济时代的区别，不在于生产什么，而在于怎样生产，用什么劳动资料生产。"[①]进入数字时代，数字技术加速演进，实现了对劳动者、劳动资料、劳动对象的数字化改造，带领着生产力发展进入崭新阶段，数字生产力也由此形成并成为数字时代的显著标志。

（2）数字生产力代表着新的生产力和新的发展方向

在数字化时代，数字技术是推动生产力发展的重要因素。长期以来，党和国家都高度重视发展数字技术、释放数字生产力。在深刻把握新一轮科技革命和产业革命新机遇、顺应数字经济时代发展大势的基础上，习近平总书记围绕发展数字经济提出了一系列重要论述，既明确了新时代数字生产力所具有的重要战略地位，又为我们发展数字生产力指明了方向。习近平总书记指出，数字经济、数字化"正在成为重组全球要素资源、重塑全球

[①] 《马克思恩格斯全集》（第44卷），人民出版社2001年版，第210页。

经济结构、改变全球竞争格局的关键力量"[1]，强调数字生产力引领着新的生产力发展方向，具有重要的战略地位。同时，在数字时代，"数字技术、数字经济是世界科技革命和产业变革的先机，是新一轮国际竞争重点领域"[2]，因此，我们需要大力发展数字技术、数字生产力，以"抓住先机、抢占未来发展制高点"[3]。

从人类社会发展的角度而言，数字生产力的形成与发展是一种不可移易的必然趋势。但在数字生产力的概念方面，理论界还并未形成共识，目前主要有如下一些观点。一是"要素论"，即数字生产力就是生产力各个要素的数字化[4]；是通过数字技术和数据资源的广泛应用对劳动者、劳动对象、劳动资料进行数字化改造的结果[5]。二是"能力论"，即人类将数字技术应用于国民经济活动的生产能力[6]，表现为通过数字技术融合其他生产要素创造出满足社会需要的物质产品和精神产品，带动国民经济增长的能力[7]；或人们在利用数字技术改造传统产业和打造数字产业过程中形成的改造世界和创造社会财富的能力[8]。三是"'要素—能力'综合论"，即数字生产力是人类通过开发数据要素满足需求以及运用数字技术要素处理人与自然界关系的能力[9]；是一种将数据作为新生产要素[10]、利用数据要素

---

[1] 习近平：《不断做强做优做大我国数字经济》，《先锋》2022 年第 3 期。
[2] 习近平：《不断做强做优做大我国数字经济》，《先锋》2022 年第 3 期。
[3] 习近平：《不断做强做优做大我国数字经济》，《先锋》2022 年第 3 期。
[4] 王存刚：《数字技术发展、生产方式变迁与国际体系转型——一个初步的分析》，《人民论坛·学术前沿》2023 年第 4 期。
[5] 张哲华、钟若愚：《数字生产力的特征、机理及我国的发展对策》，《价格理论与实践》2023 年第 1 期。
[6] 何玉长、王伟：《数字生产力的性质与应用》，《学术月刊》2021 年第 7 期。
[7] 何玉长、王伟：《数字生产力的性质与应用》，《学术月刊》2021 年第 7 期。
[8] 韩文龙：《数字经济赋能经济高质量发展的政治经济学分析》，《中国社会科学院研究生院学报》2021 年第 2 期。
[9] 谢中起、索建华、张莹：《数字生产力的内涵、价值与挑战》，《自然辩证法研究》2023 年第 6 期。
[10] 何昌垂：《优化数据 松绑数字生产力》，《互联网经济》2019 年第 12 期。

新质生产力：如何看？怎么办？

不断增强人类创造社会财富的能力、改变人们生活方式、提高经济发展质量的重要能力[1]；或是借助智能工具、基于能源资源以及数据等新生产要素构建的一种认识、适应和改造自然的能力[2]。具体内容如表4-1所示。

表4-1　学界关于数字生产力定义的研究汇总

观点类型	核心阐述	代表学者
要素论	数字生产力是生产力要素经过数字化改造的结果	王存刚（2023）；何玉长和王伟（2021）；张哲华和钟若愚（2023）
能力论	数字生产力是人们利用数字技术创造物质产品、精神产品的能力	何玉长和王伟（2021）；韩文龙（2021）
"要素—能力"综合论	数字生产力是人类不断开发数据资源、以数据作为新生产要素创造财富、提高社会生产效率的能力	何昌垂（2019）；王静田和付晓东（2020）；谢中起、索建华和张莹（2023）；安筱鹏（2022）

（3）数字生产力是应用数字技术、提高生产效率的生产能力

作为一种先进的新型生产力，数字生产力仍遵循了生产力形成与发展的一般规律。在数字生产力的形成过程中，数字技术的发展与应用一如既往地发挥着重要作用。数字技术具有发展速度快、迭代周期短、普及快、覆盖范围广、功能强、影响深[3]等特点，它的发展直接影响到社会生产生活全过程。在数字技术赋能社会生产的过程中，生产力发生了质变，由此催生了数字生产力这一新形态生产力。

一方面，数字技术的发展使得数据成为一种新的生产要素并应用于社会生产中。数据是在人类从事各种社会生产活动过程中产生的，随着人类劳动形式和生产过程的日益复杂化，数据量也不断增加。数字技术的广泛

---

[1] 王静田、付晓东：《数字经济的独特机制、理论挑战与发展启示——基于生产要素秩序演进和生产力进步的探讨》，《西部论坛》2020年第6期。

[2] 安筱鹏：《新生产力的崛起——数字生产力的兴起与本质》，《产业转型研究》（专刊）2022年第5期。

[3] 王存刚：《数字技术发展、生产方式变迁与国际体系转型——一个初步的分析》，《人民论坛·学术前沿》2023年第4期。

应用能够将数据要素引入生产过程,并充分利用数据资源创造社会价值。随着数字技术的快速发展,获取数据的成本逐步降低,数据已经成为社会发展的核心生产要素,"谁掌握了大数据技术,谁就掌握了发展的资源和主动权"①。此外,数字技术的应用还实现了对数据的收集、管理、计算、分析和使用,人、物和世界之间形成广泛互联,从而使得数据在全领域、全过程的社会化流通和共享成为可能②。作为信息的新型载体,数据的使用能够突破时空限制,实现信息在各个生产环节的有效流动和交易,提高市场运作的效率。数据的流动还为资本、知识、技术等其他生产要素在全社会范围的流动提供了条件,进一步发展了生产力。

另一方面,数字技术可以对生产系统中原有生产要素进行高质量的改造和重组,提高生产效率。首先,数字技术的广泛应用不仅将数据带入生产过程,还能够实现数据与其他生产要素的逐步融合,形成新的生产要素组合,创造新的生产函数。同劳动、资本、土地、知识、技术等生产要素一样,数据也有重要的生产价值,能够推动生产关系实现迭代升级。相较于其他传统的生产要素,数据作为一种新的生产要素,还具有非竞争性、非排他性的特征③,可以应用于多个主体和不同领域之中,满足其多样性、异质化的需求。其次,数字技术可以赋能于劳动、资本、技术等传统生产要素,促进经济体系内原有的生产要素优化重组,提高生产要素的质量。数字技术的赋能实现了各生产要素的有效流动,能够降低信息的不对称性进而缓解市场失灵,优化传统生产要素的资源配置效率,减少低端无效供

---

① 中共中央党史和文献研究院:《习近平关于网络强国论述摘编》,中央文献出版社2021年版,第106页。
② 王存刚:《数字技术发展、生产方式变迁与国际体系转型——一个初步的分析》,《人民论坛·学术前沿》2023年第4期。
③ 张哲华、钟若愚:《数字生产力的特征、机理及我国的发展对策》,《价格理论与实践》2023年第1期。

新质生产力：如何看？怎么办？

给，从而将信息科学等间接生产力转变为数字技术应用的直接生产力[①]，实现经济量与质的全面提升。

因此，在综合探讨了理论界对数字生产力的不同界定以及数字生产力的形成过程之后，我们从数字生产力的核心驱动力——数字技术的角度出发，对数字生产力进行了定义。我们认为，数字生产力就是一种以数字技术为核心，通过数字技术赋能生产力各基本要素，实现劳动者、劳动对象、劳动资料的数字化，通过数字技术与传统产业的深度融合培育新的产业增长点，从而提高社会生产效率，为经济社会高质量发展持续注入新动力的能力。

4.1.2 数字生产力的特征

数字生产力通过赋能于生产劳动过程、融合于产业而不断发挥其作用。在具体运行过程中，数字生产力的特征可主要概括为智能化、数字化、通用性以及平台化（见图4-1）。

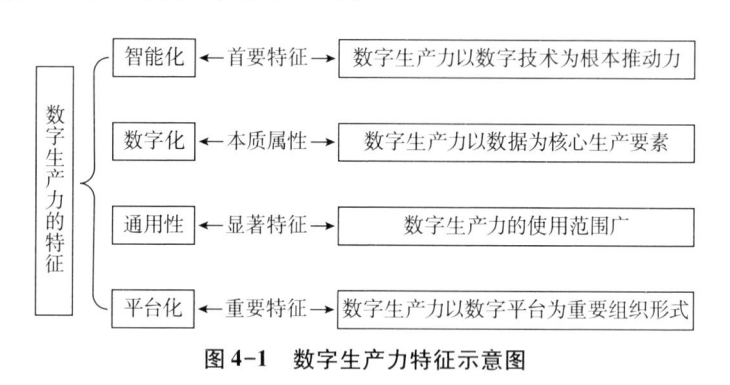

数字生产力的特征		
智能化	首要特征	数字生产力以数字技术为根本推动力
数字化	本质属性	数字生产力以数据为核心生产要素
通用性	显著特征	数字生产力的使用范围广
平台化	重要特征	数字生产力以数字平台为重要组织形式

图4-1 数字生产力特征示意图

（1）智能化

智能化是数字生产力的首要特征。数字生产力以数字技术为根本推动

---

① 何玉长、王伟：《数字生产力的性质与应用》，《学术月刊》2021年第7期。

力，这使得数字生产力具有突出的智能化特征。首先，利用数字生产力可以实现社会生产生活过程中的智能化分析和决策。大数据能够为人们获得对事物更深入、更全面的认知提供充足的决策资源，让生产者更好地了解市场需求、预测未来发展趋势，制定出更加精准的决策。其次，数字生产力能够实现自动化、智能化的管理与生产。数字技术所具有的收集、分析、计算和传输数据功能，使数字技术能够与其他生产要素充分融合，传统的线性生产模式不断被非线性、以网络为中心的生产模式取代，人类的体力劳动也逐渐被脑力劳动取代，劳动工作消解于各种人工智能的应用之中。由此，社会生产过程被赋予了充分的自主运作的智能能力。最后，数字生产力的释放能够促进精准化生产，满足不同消费者的个性化偏好。数字技术能够将复杂多变的市场情况转化为数据的形式并将其呈现出来，通过对大规模数据的深度学习和分析，能够实现精细化的生产管理和预测性维护。

（2）数字化

数字化是数字生产力的本质属性。数字技术的迅猛发展和广泛应用使数据成为当今时代一种重要的生产资源。以数据为代表的非实体性要素蕴含着丰富价值，作为信息的载体和分析的基础，数据资源是生产过程智能化和高效化的前提条件和信息来源。数字生产力以数据为核心生产要素，通过对大规模数据的采集和分析，实现对生产过程的深度监控，驱动数字化生产。同时，数字生产力的数字化特征还在于数据的可复制性和可传递性，这使得信息可以在不同环节迅速传递和无缝流动，提高生产的数字化协作能力。数据要素的虚拟状态促使数据流和信息流相互交织、相互结合，进一步提高了生产的数字化水平，使得生产过程具有高度透明性和可追溯性。

（3）通用性

通用性是数字生产力的显著特征。数字生产力由各种数字技术构成，

新质生产力：如何看？怎么办？

数字技术的快速发展普及赋予了数字生产力较强的通用性，主要表现在数字生产力的可及性与广泛应用上。一方面，数字生产力正全面融入人们的社会交往和日常生活，这为人们获取并应用数字技术以提高生产力水平提供了有利条件。数字生产力能够根据不同人的需求产生不同的数字化供给，充分满足人们的多样化需求。在数字化时代，每个人都可以平等地接触到大部分的数字技术并将其应用于自己的生产生活过程中，极大地提升了生产效率和生活品质。另一方面，数字生产力具有多种应用场景和广阔的发展空间，可以普遍应用于社会生产不同的环节、部门及产业，通过对生产过程的赋能、与产业的融合，不断提升生产、流通、组织等环节的运行效率，创新商业发展模式，从而持续为社会经济增长赋能。

（4）平台化

平台化是数字生产力的重要特征。数字技术的快速发展，加速了数字生产力向各行业各领域的渗透扩散进程，塑造了基于互联网的商业模式和产业形态，推动社会生产力的组织方式趋向平台化发展，使得数字平台成为数字生产力的重要组织形式。数字平台具有开放、共享、协同、去中心化的特征[1]，能够打破时空限制，将市场范围从物理空间延伸至虚拟空间，并将社会生产资料日益集中于大型的平台企业，不断推动生产的社会化[2]，这为社会生产者和消费者提供了便捷的资源配置和交易的渠道，提高了社会生产效率。同时，数字平台所衍生出的互联网商业，使得数字生产力以平台经济的形式渗透于人们衣食住行娱全过程。例如，京东、淘宝等电商平台降低了买卖双方的沟通成本，重塑了人们的消费购物方式；美团通过

---

[1] 中华人民共和国国家发展和改革委员会：《"十四五"数字经济发展规划》解读｜发挥数字经济特征优势，推动数字经济健康发展，2022年1月21日，https://www.ndrc.gov.cn/xxgk/jd/jd/202201/t20220121_1312591.html。

[2] 韩文龙、李艳春：《平台经济重塑世界市场的政治经济学分析》，《马克思主义与现实》2023年第5期。

"互联网+服务业"的发展模式持续创造数字生产力,为人们提供了外卖、购物、购票等广泛生活服务;滴滴等平台改变了人们传统的出行模式,降低了时间成本。这些平台企业都是数字经济不断发展的产物,生动展现出数字生产力发展的平台化特征。

4.1.3 数字生产力的作用

数字生产力突出了创新的新发展理念,它的快速发展将带来社会生产生活全方位的变革,进一步引领产业转型升级,创新社会服务,提高生产效率,助力构建起现代化经济体系,实现社会经济的可持续发展。

(1)加速产业创新升级,增强产业竞争力

数字生产力具有高创新性,赋能于传统产业,能改善产业结构、提高生产效率和产品质量。一方面,数字生产力可以实现劳动力、资本、技术、数据等生产要素的整合、共享及高效利用,实现资源优化配置,提高全要素生产率,引领产业从依靠资源要素推动向创新驱动发展,提升传统产业生产效能。另一方面,数字生产力能够推动各类产业技术的融合创新,实现不同产业的跨行业协作发展,拓展了产业的发展空间,有利于形成新的产业增长点,增强产业竞争力。

(2)改善社会生活品质,满足人民多样化需求

数字生产力的快速发展使数字化触角延伸到了社会生活的各个角落,深刻改变了人们的生活方式,并在这个过程中不断拓宽数字化生活的边界,真正实现了万物互联。数字生产力所提供的多种多样的数字化产品,能够进一步丰富民众的生活服务供给,优化社会服务质量,提高民众的生活便利程度,满足人民美好生活需要。同时,数字生产力还促进了线上社交、线上教育等线上远程新型服务模式的蓬勃发展,创造了多种数字化场景,为人们提供了自我提升、自我发展、自我展示的新平台,增强了人们

新质生产力：如何看？怎么办？

生活的幸福感和获得感。

（3）提高社会生产效率，打造经济增长新动能

数字生产力的发展，使得数据的价值得以充分释放和利用，为社会生产提供了新的生产要素，在提高创新能力、增强社会生产效率等方面发挥了重要作用。就生产过程而言，数字生产力带来了生产主体、生产工具以及生产对象等的创新升级，为经济高质量发展提供了崭新的生产要素，并能够促进各生产要素之间的创新组合，实现对各类生产要素的高效利用，提高社会生产效率。就经济发展模式而言，数字生产力的发展能够实现大规模的定制化生产，使得社会生产在实现规模效益基础上增加更多优质供给，提升经济整体运行效率。同时，数字生产力还能够推动资源共享，实现不同部门、企业以及区域之间的分工协作，降低交易成本，生产多种类产品，发展范围经济，推动经济的进一步增长。

4.2 数字生产力如何运行

数字生产力因数字技术而产生，通过产业数字化和数字产业化充分释放，在战略性新兴产业和未来产业中不断深化，其运行逻辑如图 4-2 所示。

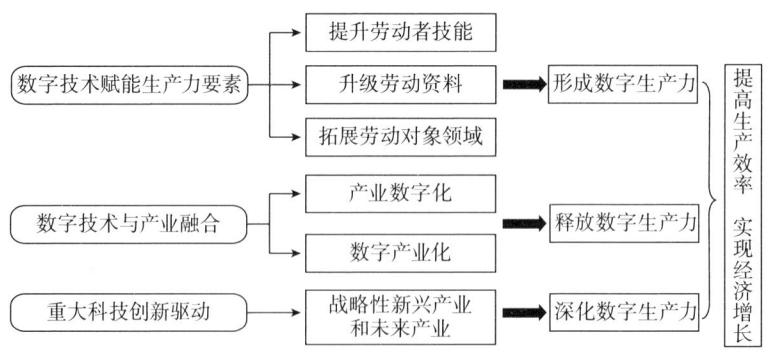

图 4-2 数字生产力的运行逻辑示意图

4.2.1 数字技术赋能生产力要素：形成数字生产力

在数字经济时代，数字技术具有广泛赋能性。数字技术应用于生产过程，渗透在生产力诸要素中，与生产劳动相结合，实现对劳动者、劳动资料、劳动对象的充分赋能和数字化改造，形成数字生产力并不断发挥作用。

（1）提升劳动者技能，塑造高效率劳动主体

劳动者是生产力系统中最活跃的组成部分。在数字化时代，劳动者的知识、智力以及创造性能力是最主要的生产要素。数字生产力通过数字技术赋能不断提升劳动者的技能，实现人的生产能力的增强。

一方面，数字生产力的应用能够增强劳动者的劳动技能，提高劳动者的生产水平，从而使其适应社会生产的变化。数字技术的应用为劳动者提供了便捷的学习平台和大量学习机会，有助于实现整个劳动者群体劳动素质的提升。丰富多样的网络课程和学习资源，还允许劳动者个人根据自身的能力和需求进行选择性学习，满足其个性化学习需求。同时，数字技术发展更新速度快，劳动者需要不断地学习新技能、新技术，以适应劳动力市场的变化。这就促使劳动者始终保持开放的学习态度和学习的灵活性，率先掌握数字知识和技能，将自己塑造成为创新型人才。从这个角度而言，数字技术的发展在一定程度上改变了劳动力市场结构，使劳动力不断朝着高水平、高质量方向发展，从整体上提高了社会生产力。

另一方面，数字生产力的应用极大地改变了劳动方式，提高了劳动者的劳动效率。首先，数字生产力的不断发展和普及，使人类的体能劳动方式大幅度减少，大量的体力劳动以及脑力的重复性劳动也都被机器和人工智能代替，劳动的智能化水平稳步提升。人工智能赋能劳动过程将人类劳动从繁重、危险、单一枯燥的劳动环境中解放出来，使得人类劳动者可以

新质生产力：如何看？怎么办？

用更少的劳动时间创造出更多、更好的物质产品和财富。其次，数字生产力的应用推动人类劳动不断向数字化、可视化方向发展，居家办公、远程监控等办公形式普遍兴起。换句话说，在数字经济时代，劳动者的劳动方式逐渐趋向数字化劳动，劳动者参与社会价值生产和创造的门槛有所降低，劳动时间、工作场所更加自由。这充分激发了劳动者的劳动创造性，劳动效率显著提高。

（2）升级劳动资料，打造新生产工具

劳动资料是劳动者在劳动过程中所使用的、可以改变劳动对象的资料，是将人的劳动和劳动对象联系起来的媒介物。数字生产力中的劳动资料主要表现为具有智能化、数字化功能的物质性基础设施和数字技术设备及工具等。

数字生产力的应用能够对劳动资料进行改造升级，实现数字基础设施、数字劳动设备以及工具的网络化和智能化，推动生产力发展。在数字化时代，包括互联网基站、光纤、宽带、数据处理系统等在内的物质性基础设施是数字经济得以蓬勃发展的基础。信息技术的飞速发展促使劳动者在劳动过程中越来越多地使用计算机、移动通信设备、智能传感设备等数字化劳动资料，并利用数字技术不断改造升级传统劳动工具，这赋予了传统劳动工具更先进、更高层次的功能，增强了工具的生产效能，显著提升了人类劳动水平和劳动能力。

同时，数字生产力的发展也使得数字平台、数据算法等成为新的劳动工具。基于劳动资料是将人的劳动和劳动对象联系起来的媒介物这一概念，在数字经济时代，数字平台、数据算法也逐渐成为劳动资料并在社会生产过程中发挥着重要作用。数字平台、数据算法等工具将人类的劳动工具带到了新的发展阶段，能够实现与再生产各个环节的深度融合，汇集起强大的数据资源，促进资源要素实现大规模的交换、共享与匹配，推动生产力进一步发展。

（3）拓展劳动对象领域，提升生产效能

劳动对象是人类在物质资料生产过程中利用生产工具将劳动作用其上的物质对象。数字技术的发展和应用，促使劳动对象的种类和范围不断拓展，由此带来了社会生产力的进一步发展。

数字生产力的形成和发展增加了劳动对象的种类，使劳动对象从自然资源拓展到数据要素资源。数字生产力主要依托于信息技术和智力资源的发展，在劳动过程中，数字技术将数据、商业软件、云空间等虚拟世界的数字化产物纳入劳动对象之中。数据等非实体性要素成为数字生产力中最核心的生产要素，也为生产提供了重要的劳动对象。此外，数字生产力的应用还拓宽了劳动对象的范围和领域。通过数字技术对农业、制造业等传统产业的改造升级，能够创造出更多的新能源、新材料；随着人工智能、航天航海技术等高新技术的深入发展，还可以将劳动作用范围延伸到以往因技术、环境等客观因素限制人力所不能到达的领域，例如太空、深海、极地等，并合理开发这些领域的自然资源，从而扩大了劳动对象的范围。

4.2.2 产业数字化和数字产业化：释放数字生产力

产业数字化主要是指利用数字技术的创新力，将大数据、互联网、人工智能等数字技术应用到传统产业并对其进行全方位、全链条的数字化改造[1]，以提升产业效率和增加产出。

产业数字化能够充分挖掘数据资源、释放数据价值，实现生产要素的整合、重组与效能提升，节约生产成本。另外，在产业数字化过程中，传统产业能够借助数字技术的共享性、渗透性、平台性等特性打破传统产业

---

[1] 石建勋：《加快推动数字产业化和产业数字化》，《人民日报》2021年10月15日第9版。

新质生产力：如何看？怎么办？

的生产周期和生产方式，形成数字化、智能化的产业链和产业集群，扩大生产规模、优化产业结构，提升生产效率。2022 年，我国产业数字化规模达到 41 万亿元，同比名义增长 10.3%，占 GDP 比重达 33.9%，占数字经济比重为 81.7%[①]。具体到各行业，2022 年我国服务业、工业、农业的数字经济渗透率分别为 44.7%、24%、10.5%，同比分别提升 1.6 个、1.2 个、0.4 个百分点[②]，各行业的数字化水平不断提高。可以说，作为数字经济的重要组成部分，产业数字化为国民经济发展提供了源源不断的新发展动能，在实现经济社会高质量发展过程中发挥了重要作用。

数字产业化是指数据要素的产业化、商业化和市场化。数字产业化通过技术创新驱动不断挖掘和释放数据的价值，通过数据的产生、计算、分析和共享不断催生新的市场需求，形成数字化产业集群以推动经济高质量发展[③]。数字产业化行业包括电子信息制造业、互联网行业、软件和信息技术服务业、基础电信业等提供数字技术、产品、服务的行业。

数字产业化以数字技术创新为驱动力，其快速发展能够加速科技创新成果的转化和应用，带来新产业、新业态、新模式的大量涌现，使得社会生产力水平大幅提升。同时，数字产业化借助数字技术，对社会生产过程中所产生的数据、信息和知识进行加工并将其进一步投入生产中，产出了各种数字产品和服务，持续为农业生产、工业生产、市场贸易等领域赋能，实现数字和产业的融合发展，从而不断支撑着实体经济的数字化转型升级。据统计，截至 2022 年年底，电子信息制造业的营业收入达到了 15.4 万亿元，在工业中的营业收入占比连续十年保持第一；2022 年我国大数据产业规模接近 1.6 万亿元，使我国成为全球增速最快的云计算市场之

[①] 中国信息通信研究院：《中国数字经济发展研究报告（2023 年）》，2023 年 4 月，第 12 页。
[②] 中国信息通信研究院：《中国数字经济发展研究报告（2023 年）》，2023 年 4 月，序言。
[③] 唐要家、唐春晖：《数字产业化的理论逻辑、国际经验与中国政策》，《经济学家》2023 年第 10 期。

一；人工智能核心产业规模达到5000亿元，人工智能企业数量超过4300家，工业互联网核心产业规模超过1.2万亿元[1]。这些新兴数字产业的爆发式增长，为实体经济的发展提供了大量的数字产品和服务，是推动经济社会发展的重要力量。

4.2.3 战略性新兴产业和未来产业：深化数字生产力

战略性新兴产业主要是指新一代信息技术、生物技术、新能源、新材料、高端装备、新能源汽车、绿色环保以及航空航天、海洋装备等产业；未来产业则是包括类脑智能、量子信息、基因技术、未来网络、深海空天开发、氢能与储能等领域和方向在内的产业[2]。战略性新兴产业和未来产业引领着科技创新和产业变革的发展方向，是深化数字生产力、充分发挥数字生产力对经济的带动作用的关键领域。

战略性新兴产业和未来产业都是由重大科技创新推动、在重大技术突破和重大社会需求引领的基础上所产生的、能够对经济社会产生重大引领作用的新兴产业[3]，在国民经济发展中具有重要战略地位。具体而言，一方面，战略性新兴产业和未来产业由重大科技创新和前沿技术驱动，重大前沿技术一旦有所突破就能够成为竞争能力显著、创新能力跃升的支柱性产业，并由此形成产业集群，不断发挥出产业分工和协作效应，降低创新成本，打造出新的经济增长点。另一方面，战略性新兴产业和未来产业具有一定的多领域交叉发展的特点，能够在发展过程中实现产业之间的相互

---

[1] 中华人民共和国国家发展和改革委员会：《促进数字经济和实体经济深度融合》，2023年11月3日，https://www.ndrc.gov.cn/xwdt/ztzl/srxxgcxjpjjsx/xjpjjsxjyqk/202311/t20231103_1361765.html。

[2] 中国政府网：《中华人民共和国国民经济和社会发展第十四个五年规划和2035年远景目标纲要》，2021年3月13日，https://www.gov.cn/xinwen/2021-03/13/content_5592681.htm?eqid=fba9a396000497f300000006648aeb85。

[3] 盛朝迅：《着眼发展趋势：决胜未来产业》，《经济日报》2021年4月28日第10版。

新质生产力：如何看？怎么办？

关联，催生新的发展模式和发展空间，并通过高新技术的赋能作用进一步强化技术与产业之间的融合进程，推动产业体系不断走向智能化、节能绿色化和安全化。随着发展新兴产业和未来产业战略的持续推进，我国在战略性新兴产业的发展方面也取得了不菲成就。据统计，2022年，新一代信息技术、高端装备、新能源汽车等战略性新兴产业增加值占国内生产总值的比重超过13%，产业集群建设步伐也不断加快[①]，为经济社会持续发展提供了重要支撑。

4.3 典型案例剖析

案例一

成都大邑智慧农业园区——
数智赋能，农业数字化转型的典范

成都大邑智慧农业园区于2017年投资建设，建设面积1.5万亩，是国家大田数字农业试点项目的承载区。大邑则是全国数字乡村试点的首批试点县之一。近年来，大邑智慧农业园区持续推动数字农业建设，利用数字技术打造了农业数字化的"大邑模式"，为推进农业现代化提供了实践经验。

大邑智慧农业园区通过打造农业生产的数字化赋能场景，不断推进大数据、物联网、云计算等现代数字技术与农业生产、经营、管理和服务等体系的全面融合，建成了"润地吉时雨"数字农业综合服务平台，实现了农业生产全流程的数字化。该数字农业综合服务平台有

---

① 中华人民共和国中央人民政府：《战略性新兴产业增加值占国内生产总值比重超13%，国家级先进制造业集群产值超20万亿元》，2023年7月6日，https://www.gov.cn/yaowen/liebiao/202307/content_6890146.htm。

大田农情监测、农业生产精准管理决策、农业高效生产公共服务等系统，集农场、农资、作业、金融、销售等五大服务功能于一体，充分实现了农业信息化、智能化和精准化发展。在农业生产方面，该数字农业综合服务平台开发推出了名为"吉时雨"的手机App，农民可以通过手机终端、多光谱无人机、手持式叶片形态检测仪等数字化的农业技术工具，进行大规模农田的育苗、种植、施肥等农作业，降低生产成本，实现农业提质增效；在农业服务方面，"吉时雨"服务平台为生产者提供了生产农资、农业管理加工销售的优质资源，形成了农业发展的优质产业链，农业生产者可以直接通过App在线购买物资、获取个性化服务、进行线上销售等，极大地提升了农业管理效能；在农业监测方面，农民可以通过农情监测系统，在App上精准查看并掌握农田面积、气候、农作物的长势、市场交易等信息，实现对农业生产过程的全面监控，提高了粮食安全生产的能力。

大邑智慧农业园区通过数字技术赋能农业生产全过程，构建起了农业的数字化运营模式，并取得了不菲成就。大邑智慧农业园区的农业数字化建设实践带动了大邑农业的快速发展，在数字农业方面，大邑累计铺设乡村物联网设施527个，建成167个数字农场和全省首个"五良"融合无人农场，实现了对20.5万亩耕地良田的智能化监管[1]，主要农作物耕种、收割的综合机械化率达到90%，带动项目区农业产业节本增效15%以上，农户人均可支配收入增长9.8%[2]。这生动说明了农业数字化的价值，要持续推动农业科技发展，提高农业生产机械化、数字化、智能化水平，释放农业生产活力，助力实现农业现代化。

---

[1] 腾讯网：《成都大邑县：数字赋能"点亮"宜居宜业和美乡村》，2023年11月7日，https://new.qq.com/rain/a/20231107A06V7H00。
[2] 中国新闻网四川：《成都大邑县深入推进数字农业改革 建设更高水平"天府粮仓"》，2022年10月12日，http://www.sc.chinanews.com.cn/bwbd/2022-10-12/175457.html。

新质生产力：如何看？怎么办？

案例二

百度智能云——云智一体，塑造 AI 产业发展新格局

百度智能云是百度集团旗下的云服务产品，于 2015 年正式对外开放运营。百度智能云的发展起步晚、规模小，但"云+AI"的发展模式为其塑造了强势竞争力。百度智能云致力于为客户提供先进的大数据、人工智能、云计算等服务，在工业互联网、智慧交通、智慧城市等领域都拥有了先进的技术和丰富的解决方案，通过对各行业的赋能将 AI 技术运用到各领域，不断推动产业智能化和数字产业化的进程。

百度智能云的发展策略是以云计算为基础，以人工智能为抓手，通过"云智一体"加速产业渗透，促进数实融合实现经济高质量发展。在"云智一体"发展战略引领下，百度智能云建立了开物工业互联网平台，打造"AI+工业互联网"的独特品牌，全方位赋能工业发展。开物工业互联网平台依托百度强大的互联网基础和领先的全栈人工智能技术，为制造、能源等企业、产业链和产业集群提供 AI+工业互联网和智能制造的整体解决方案，帮助企业利用新一代信息技术实现从生产过程、业务流程到管理经营等方面的智能化、数字化。经过百度长期的技术沉淀，开物工业互联网平台在质量管控、安全生产、节能减排等企业生产场景中积累了大量的工业模型和智能应用，能够为各行各业的数字化转型提供个性化的产品、服务及实现路径。同时，在产业链方面，开物工业互联网平台还通过区域性工业互联网平台的形式，不断进行跨区域、跨行业的产业创新探索，推动了不同企业之间的协同创新，实现了产业链的全局优化。开物工业互联网平台与产业的结合大幅度降低了数字技术和智能技术的应用门槛，塑造了 AI 等数字技术应用赋能产业的新格局。

近年来，百度智能云持续快速发展。相关报道称，2022 年百度智

能云市场份额第一，同时在 AI 公有云、对话式 AI、AI 工业质检三个领域蝉联中国市场第一，并在金融云、智慧城市、物联网等多个核心领域居领导者位置[1]。百度智能云的成功经验深刻凸显了数字产业化对产业数字化所具有的重要作用，数字产业化的深入发展能够为产业数字化提供更多、更高质量的数字技术、产品和服务以满足产业转型升级需要。要加速推进新一代数字技术在各类生产、业务场景中的应用，充分发挥数字技术的赋能作用，释放实体经济的数字生产力。

案例三

比亚迪——抢占先机，新能源汽车的时代领跑者

比亚迪成立于 1995 年，是一家致力于"用技术创新，满足人们对美好生活的向往"的高新技术企业，其业务范围涵盖了新能源汽车、电池技术、轨道交通等多个领域。尤其在新能源汽车领域，比亚迪创造了显著成就。新能源汽车是一种重要的战略性新兴产业，发展新能源汽车是我国汽车产业实现高质量发展的必然选择。作为新能源汽车的代表性企业，比亚迪的创新战略能够为我国车企的发展提供有效借鉴。

"技术为王、创新为本"是比亚迪始终坚持的发展理念，在这样的理念引领下，比亚迪不断推进技术研发和科技创新，加速了新能源汽车发展进程。一方面，比亚迪通过领先技术塑造了自身在新能源汽车领域的竞争力。早在成立之初，比亚迪就专注于电池技术的研发和生产，成功开发了具有自主知识产权的铁锂电池技术。凭借着在电池技术上的领先优势，比亚迪在转型新能源汽车领域后，又加大投入进一步推进电

---

[1] 百度智能云:《晒成绩单了,百度智能云交出 2022 年终大考答卷!》。

新质生产力：如何看？怎么办？

池、电机、电控等新能源核心技术的研发，从而实现了一个又一个的技术突破，接连推出刀片电池、DM-i 超级混合动力系统、e 平台 3.0 以及 CTB 电池车身一体化等领先技术，使电池安全性能大幅度提升、汽车安全性和操控性全面进化，由此掀起了新能源汽车技术革新的浪潮。另一方面，比亚迪通过不断的技术创新进一步赋能汽车的生产、制造、销售等环节，创造出更多王朝系列、海洋系列等新能源汽车的爆款产品，不断推进产品向上攻势，从而持续扩大竞争优势、抢占市场份额。可以说，领先技术和创新能力就是比亚迪新能源汽车实现可持续发展的关键。

  在持续推动自主研发和技术创新的加持下，比亚迪发展迅猛，其新能源汽车销售量持续创下历史新高，稳居全球新能源汽车销量榜首，并在 2023 年 11 月成功下线了第 600 万辆新能源汽车①。第 600 万辆新能源汽车的下线进一步巩固了比亚迪在全球新能源汽车领域的领导地位，不断推动中国新能源汽车的规模化、高质量发展。比亚迪的成功充分说明了坚持自主创新、实现数字化发展是产业发展的必然选择，要坚持不懈地推动技术创新、加快核心技术的研发与突破，从而强化技术创新的赋能作用，以实现产业升级、推动经济高质量发展。

---

① 光明网：《比亚迪第 600 万辆新能源汽车下线》，2023 年 11 月 29 日，https://economy.gmw.cn/2023-11-29/content_36997918.htm。

第 5 章　协作生产力

"不仅是通过协作提高了个人生产力,而且是创造了一种生产力,这种生产力本身必然是集体力。"[1]

——马克思:《相对剩余价值的生产》(1867 年 9 月)

"我们在发展经济方面,正在寻求一条合乎中国实际的、能够快一点、省一点的道路,其中包括扩大企业自主权和民主管理,发展专业化和协作,计划调节和市场调节相结合,先进技术和中等技术相结合,合理地利用外国资金、外国技术等等。"[2]

——邓小平:《目前的形势和任务》(1980 年 1 月 16 日)

"结合资源禀赋和区位优势,明确主导产业和特色产业,强化大中小城市和小城镇产业协作协同,逐步形成横向错位发展、纵向分工协作的发展格局。"[3]

——习近平:《做好城市工作的基本思路》(2015 年 12 月 20 日)

5.1　什么是协作生产力

协作生产力萌芽于原始社会,中国的万里长城、古埃及金字塔、希腊神殿等令人称赞的奇迹都是协作生产力的体现[4]。随着科学技术的不断发

---

[1]　《资本论》(第 1 卷),人民出版社 2004 年版,第 378 页。
[2]　《邓小平文选》(第 2 卷),人民出版社 1994 年版,第 247 页。
[3]　《习近平著作选读》(第 1 卷),人民出版社 2023 年版,第 410 页。
[4]　吴育林:《论理解生产力的三个理论向度》,《马克思主义理论学科研究》2022 年第 10 期。

展,协作生产力所包含的内容日益增多、发挥的作用日益增强,需要我们从多个角度把握协作生产力。

5.1.1　认识协作生产力

（1）简单协作及复杂协作创造的集体力

协作生产力最开始是以简单协作形式出现。在资本主义社会中,协作生产力获得了长足发展,从简单协作到工场手工业,再到机器大工业,推动"资产阶级在它的不到一百年的阶级统治中所创造的生产力,比过去一切世代创造的全部生产力还要多,还要大"[1]。但是在资本主义条件下,基于分工协作的社会生产力被资本家无偿占有了,所以马克思指出协作创造出的劳动生产力,表现为资本的生产力,而不是劳动的生产力。而在中国,在社会主义条件下,协作生产力不仅发挥出了分工协作的强大"集体力",做大了蛋糕,还通过党和国家顶层设计,优化生产布局,逐渐消弭分工产生的较大社会差距,实现经济的协调发展和发展成果由人民共享。随着数字时代的到来,协作生产力拥有比以往更加互联互通的基础条件,将发挥出更大的作用。

（2）人们共同活动方式的社会合力

协作生产力最早是马克思提出的,是在对英国古典政治经济学超越的基础上完成的。亚当·斯密以制针业为例指出分工带来的生产效率提升,而马克思则发现了分工离不开协作,分工背后是协作创造的强大集体力。"一定的生产方式或一定的工业阶段始终是与一定的共同活动的方式或一定的社会阶段联系着的,而这种共同活动方式本身就是'生产力'"[2],这

---

[1]《马克思恩格斯选集》(第1卷),人民出版社2012年版,第405页。
[2]《马克思恩格斯选集》(第1卷),人民出版社2012年版,第160页。

种生产力就是协作生产力,是一种社会生产力,"共同活动方式"具体指的就是分工与协作。新时代以来,习近平总书记高度重视分工协作的作用,指出区域发展"要根据各地区的条件,走合理分工、优化发展的路子"[1],"形成优势互补、密切协作的区域协同发展新格局"[2]。

从学界对协作生产力的研究看,一方面,学者们从不同角度对协作生产力做出了定义。有的从劳动过程角度提出,"协作生产力就是社会再生产过程中的协作劳动所产生的一种新的生产力"(包括没有分工的简单协作生产力和有分工的复杂协作生产力两种形式)[3]及"人们共同活动方式的社会合力"(包括组织力和由分工协作产生的集体力)[4];有的从生产力的二维角度提出,协作生产力即协作维度的生产力,是从动态角度分析的生产力,与静态角度分析的要素维度的生产力相对应[5]。另一方面,学者们研究马克思协作生产力思想在我国经济社会发展中的应用,包括区域协同[6]、产业集群[7][8]、企业发展[9]、农村经济角度[10]及共享经济[11]等,涉及内容较广泛。表5-1汇总了学界关于协作生产力的研究观点。

---

[1] 习近平:《推动形成优势互补高质量发展的区域经济布局》,《求是》2019年第24期。
[2] 《习近平著作选读》(第1卷),人民出版社2023年版,第409页。
[3] 王道义:《协作生产力刍议》,《求索》1986年第3期。
[4] 吴育林:《论理解生产力的三个理论向度》,《马克思主义理论学科研究》2022年第10期。
[5] 程启智、罗飞:《生产力和生产关系的二维理论及其马克思经济学的发展》,《福建论坛(人文社会科学版)》2016年第3期。
[6] 祁文辉、魏丽华:《新常态下马克思分工协作理论对区域协同发展的启示——以京津冀地区为例》,《价格理论与实践》2016年第5期。
[7] 李福柱、刘曙光:《马克思劳动协作观与产业地域分工的理论渊源辨析》,《当代经济研究》2006年第11期。
[8] 魏剑锋:《马克思分工协作理论视角下的产业集群竞争优势》,《中国社会科学院研究生院学报》2007年第5期。
[9] 朱平芳、罗翔、项歌德:《中国中小企业创新绩效空间溢出效应实证研究——基于马克思分工协作理论》,《数量经济技术经济研究》2016年第5期。
[10] 王道义:《发展协作生产力在实现我国农村生产力飞跃中的基本作用》,《农业现代化研究》1987年第3期。
[11] 廖萍萍、李建建:《马克思合作思想视角下的共享经济研究》,《东南学术》2019年第2期。

新质生产力：如何看？怎么办？

表5-1　学界关于协作生产力的研究观点汇总

观点	主要代表学者
协作生产力是人们共同活动的社会合力	王道义（1986）、吴育林（2022）
协作生产力是协作维度的动态的生产力	程启智、罗飞（2016）
协作生产力促进我国经济社会发展	魏剑锋（2007），朱平芳、罗翔、项歌德（2016），廖萍萍、李建建（2019）等

（3）促进经济协调发展的社会生产力

无论是从历史维度还是从理论维度来看，协作生产力都以分工协作为主要运行机制。在新一轮技术革命的推动下，协作生产力作为新质生产力的一种重要形式，呈现出"新质态"：一是"新形式"，随着数字技术的加速创新，协作生产力也呈现出新形式，分工协作越发数字化、智能化，正如马克思所预见的，"因此，劳动过程的协作性质，现在成了由劳动资料本身的性质所决定的技术上的必要了"[①]；二是"新理念"，新时代的协作生产力是契合协调、共享发展理念的生产力，是在分工协作基础上，我们党和国家加强了顶层设计，推动实现整个社会经济协调发展、发展成果由人民共享的社会生产力；三是"新技术"，协作生产力在当下发挥着比历史上任何时期都更加重要的作用，这主要是源于不断完善的交通技术及数字信息技术，万物实现互联互通，分工协作成本更低，效益更高。

在新一轮技术革命之下，协作生产力是在社会生产过程中依托交通及数字信息技术的不断发展，以分工协作为主要发展机制，加之国家顶层设计，推动企业内部、企业之间、产业之间、区域之间四个维度的分工协作格局优化，从而凝聚起强大的组织力以提升社会生产效率和促进经济社会协调发展的社会生产力。

[①]《马克思恩格斯选集》（第2卷），人民出版社2012年版，第217页。

5.1.2 协作生产力的特征

协作生产力主要有以下几个特征：

（1）互联互通性

互联互通性是协作生产力的首要特征。协作生产力发展的前提就是空间及信息的互联互通，这需要交通及数字信息技术的不断发展。首先，交通的不断发展能够降低交易成本，从而推动协作生产力持续发展。新兴古典经济学认为，分工带来了收益递增，但是协调分工需要交易成本，分工带来的好处和交易费用的增加之间形成了两难冲突，在这两难冲突中，分工的深化取决于交易费用与分工收益的高低。因此交通的发展降低了运输物流成本及交易成本，提升了交易效率，促进了分工协作深化，使协作生产力发挥更好的作用。

其次，数字信息技术本身的特殊性，能够推动协作生产力快速、健康发展。一方面，数字技术的不断发展能够推动数字化工具和平台的建设以及数据信息的流通，压缩信息的流通时间，提升分工协作效率。并且，劳动者可以摆脱物质世界各种环境的束缚，实现实时信息互联，从而实现更深层次的分工协作；企业不同的生产部门之间也可以提高沟通效率和管理效率，实现高效率分工协作，推动协作生产力的快速发展。另一方面，不同主体之间的协作是建立在信任的基础上的，而数字技术中包含的区块链技术能够传递信任。在区块链中，信任是基于密码学算法来实现的，而不是基于人与人之间的关系，并且每一笔交易都被记录在区块链上，需要经过众多节点的确认和验证，从而确保了数据的不可篡改性和真实性。这种去中心化、不可篡改的特性使得区块链成为一个基于技术的信任体系，从而促进协作生产力的健康发展。

新质生产力：如何看？怎么办？

（2）分工协作性

分工协作性是协作生产力的基本属性。协作生产力以分工协作为主要运行机制，协作与分工是一枚硬币的两面，协作的前提是分工，分工的最终归宿和目的是协作，由分工所产生的经济效益要靠协作才能实现。协作生产力通过分工协作推动社会形成既有区别又有紧密联系的生产单位、生产部门，把生产力的诸多要素有机统一，形成整体的合力并且不断发展[①]。

首先，关于分工，实际上分工包括两个方面。一是包括生产工序、不同劳动部门等作为劳动本身的划分，是劳动进行的不同方式，代表劳动活动的不同领域的划分。二是包括社会职业、劳动者在劳动过程中的职能分工等方面的劳动主体的划分，是社会成员参与劳动时的不同劳动职能，代表人与劳动职能的关系[②]。其次，关于协作，马克思将其定义为"许多人在同一生产过程中，或在不同的但互相联系的生产过程中，有计划地一起协同劳动，这种劳动形式叫做协作"[③]。虽然马克思只分析了在他那个年代相继演化的简单协作、以分工为基础的手工业协作以及以机器为基础的大工业协作等分工协作类型，但其理论为我们揭示了协作不仅能使"劳动者在有计划地同别人共同工作中，摆脱了他的个人局限，并发挥出他的种属能力"，[④] 从而提高个人生产力，而且能够将分散的、互不依赖的单个劳动有机地统一起来，创造出一种"集体力"，因而具有一般性。

（3）协调共享性

协调共享性是协作生产力的价值旨归。我们所指的"协作生产力"除了继承马克思所界定的分工协作的生产力，即"一个骑兵连的进攻力量或

[①] 吴育林：《论理解生产力的三个理论向度》，《马克思主义理论学科研究》2022 年第 10 期。
[②] 谢富胜、李安：《分工动态与市场规模扩展——一个马克思主义经济学的分析框架?》，《马克思主义研究》2009 年第 9 期。
[③] 《资本论》(第 1 卷)，人民出版社 2004 年版，第 378 页。
[④] 《马克思恩格斯选集》(第 2 卷)，人民出版社 2012 年版，第 208 页。

一个步兵团的抵抗力量,与单个骑兵展开的进攻力量的总和或单个步兵分散展开的抵抗力量的总和有本质的差别"[1] 这样的集体力以外,还拓展充实了其内涵,其是契合协调和共享的发展理念的生产力,是我们党和国家在分工协作机制的基础上,为了实现整个社会经济协调发展、发展成果由人民共享的目的,依据经济发展客观规律,加强顶层设计,从而实现企业内部、企业之间、产业之间、区域之间合理分工协作的社会生产力。

一方面,分工协作能够创造出集体力,促进经济的发展进步,"做大蛋糕"。另一方面,由于各种经济主体具有追逐利益最大化的动机,同时因为资源禀赋差异和历史原因,仅依靠分工协作机制会产生不合理的分工,特别是在区域分工中,习近平总书记指出"区域经济发展分化态势明显""发展动力极化现象日益突出""部分区域发展面临较大困难"[2] 等问题,因此我们党和国家立足不同区域的比较优势,在经济发展客观规律的基础上加强顶层设计,缩小不合理的分工所带来的东西部之间、区域之间的发展差距,实现社会经济的协调发展,契合协调发展理念。同时缩小了发展差距,契合共享的发展理念,有助于实现发展成果由人民共享。

图 5-1 为协作生产力特征示意图。

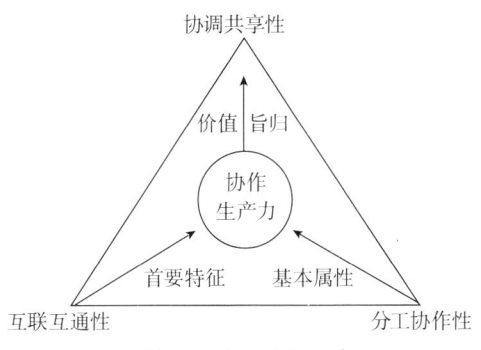

图 5-1 协作生产力特征示意图

---

[1] 《资本论》(第 1 卷),人民出版社 2004 年版,第 378 页。
[2] 习近平:《推动形成优势互补高质量发展的区域经济布局》,《求是》2019 年第 24 期。

5.1.3 协作生产力的作用

协作生产力以分工协作为主要机制,能够促进专业化生产。在此基础上,为促进合理、协调的分工协作格局的形成,党和国家加强顶层设计,由此推动了资源优化配置,促进经济协调均衡发展。

(1) 促进专业化生产

一方面,协作生产力以分工协作为主要发展机制,协作生产力推动分工协作不断深化,使得劳动者、企业等生产主体持续专注于狭窄的生产领域,从而推动了生产经验的积累和生产技术的革新,促进生产效率的提升以及生产更加专业化。另一方面,随着劳动者与企业的精细化分工及生产,科学技术也越来越发达,而科学技术的发展又为分工协作深化提供可能,带动着新的、更加专业的生产部门、行业日益分化出来。马克思很早就预见了这一趋势,指出"随着劳动工具的分化,生产这些工具的行业也日益分化"[1],新企业、新部门、新行业的诞生推动着生产朝着更加专业化、高效率的方向发展,推动着整个社会经济的跃迁。

(2) 促进资源优化配置

协作生产力中的分工协作机制让商品生产者们在相互竞争的基础上又互相联系,促进了资源的优化配置。社会分工协作让生产者"只承认竞争的权威",而竞争会促进优胜劣汰。一方面,能够淘汰掉相对落后甚至是被称为"僵尸企业"的生产主体,从而将其占有的资源释放出来,增加要素供给,降低要素购买价格,使得高效率的企业能够以较低的成本获取更多的资源,促进了资源优化配置,并且高效率的企业占有更多的资源意味着宏观经济效率的提升,推动着整个社会经济的进步。同时,在分工协作

---

[1] 《资本论》(第1卷),人民出版社2004年版,第409页。

深化的局面下，企业根据自己拥有的资源选择自己适合的生产环节，能够提高资源配置效率。另一方面，党和国家依据经济发展客观规律，利用"看得见的手"配置资源，以促进经济社会长远、协调、均衡发展，避免资本在分工格局下无序扩张的情形，实现了资源的优化配置。

（3）促进经济发展均衡协调

首先，协作生产力本身所具有的分工协作机制能够实现不同企业之间、不同产业之间的技术、知识、人力资本等在协同竞争中共同发展（正如马克思所言，"一个生产部门的劳动生产率使另一个生产部门的生产资料变得便宜和得到改良，从而提高了利润率"[①]），从而推动着我国经济发展均衡协调。其次，协作生产力推动经济发展均衡协调主要是指在分工协作基础上，国家出于长远发展考虑，根据经济发展的客观规律，立足不同区域之间的比较优势，加强顶层设计，避免区域之间的同质化竞争、中心城市虹吸效应扩大、东西部发展差距越来越大等现象出现，推动形成优势互补的合理区域分工格局，从而能够促进我国区域经济发展更具有协调性。

5.2　协作生产力如何运行

协作生产力在经济系统中发挥着重要作用，其运行逻辑可以从企业内部、企业之间、产业之间及区域之间四个维度的分工协作展开，并且随着新技术的发展，分工协作不断加深，国家的顶层设计日益科学化，这四个维度涌现了诸多新形式，我们分别选取了智能工厂、企业间网络化分工协作、产业融合发展及区域协调发展这四种典型形式（见图5-2）。

[①] 《资本论》（第3卷），人民出版社2004年版，第100页。

新质生产力：如何看？怎么办？

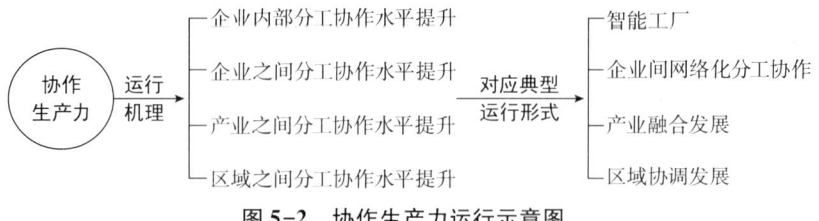

图 5-2 协作生产力运行示意图

5.2.1 企业内部分工协作水平提升典型形式：智能工厂

协作生产力受到数字技术的影响，企业内部分工协作层面体现出数字化发展趋势，智能工厂的形式逐渐兴起。智能工厂是指将人工智能技术应用于产品设计、工艺、生产等过程，使得制造工厂在其关键环节或过程中能够体现出一定的智能化特征，即自主性的感知、学习、分析、预测、决策、通信与协调控制能力，能动态地适应制造环境的变化，从而实现提质增效、节能降本的目标。

一方面，在智能工厂中劳动者之间的分工协作形式由数字技术的需要所决定，生产智能化、自动化，生产效率提升。马克思很早就指出了这一趋势，"因此，劳动过程的协作性质，现在成了由劳动资料本身的性质所决定的技术上的必要了"[1]，科学技术推动分工协作形式由劳动者的技术水平决定转变为由机器即劳动资料的技术要求决定，劳动者之间以操控数字技术的需要来安排分工协作[2]，而不同的劳动过程和形态通过信息物理系统连接在一起并实现对现实生产过程的分工控制，智能工厂实现了人与机器的相互协调合作，其本质是人机交互，推动大规模生产和生产效率的提升。

---

[1] 《资本论》(第1卷)，人民出版社2004年版，第443页。
[2] 王璐、李晨阳：《数字经济下的生产社会化与企业分工协作：演进与特性》，《北京行政学院学报》2022年第1期。

另一方面，智能技术、信息技术使得企业内部的管理更加科学化。数字信息技术的发展使得企业内部不同部门之间的沟通更加快捷方便，劳动者摆脱物质条件束缚，实现实时信息沟通交流和协作，推动着企业组织朝着柔性化、扁平化方向发展，提升管理的效率和质量。

5.2.2　企业之间分工协作水平提升典型形式：企业间网络化分工协作

协作生产力推动企业间分工协作深化，企业之间网络化分工协作形式兴起。企业网络是指由一组自主独立而且相互关联的企业及各类机构为了共同的目标，依据专业化分工和协作建立的一种长期性的企业间的联合体[①]。这一形式兴起的原因是分工协作的深化，现代产业体系产业链、价值链发展较为完善，同时由于技术创新的新特性和降低成本的必要，以个性化选择和竞争为特征的体制显然不足以支持企业获得持久的竞争优势，企业出于提高自身效率和追求利益最大化的动机选择了纵向非一体化，在发展已经较为完善的产业链、价值链中退回到自己有竞争力的、核心的价值环节，依靠企业网络和别的企业资源拓展自身能力，最终形成了相互依赖的企业间网络分工协作联合体。供应链协调、外包和下包生产、特许经营、战略联盟和虚拟企业等，都可以看作企业网络在组织上的具体存在形式；"第三意大利"中小企业集群、日本汽车厂商组织和美国西部硅谷与东部 128 公路地区产业集聚等，可以看作企业网络在空间上的具体存在形式[②]。与此同时，随着经济全球化的发展，企业之间网络化分工协作拓展到全球范围，其中较为典型的例子就是空客公司的飞机生产全球化。

---

① 谢富胜：《企业网络：激进学者的分析范式》，《经济理论与经济管理》2006 年第 7 期。
② 谢富胜：《企业网络：激进学者的分析范式》，《经济理论与经济管理》2006 年第 7 期。

【专栏5-1】空客供应链全球化介绍

空中客车公司（Airbus，又称空客、空中巴士），是欧洲一家飞机制造、研发公司，1970年12月于法国成立。在2022年《财富》世界500强行业榜中，空客排名第207[①]。航空产品结构复杂、技术难度高、产业链条长，面对复杂的制造要求，在百年航空产业发展历程中，逐渐形成了产业链专业化分工的格局，空客也是如此，建立了全球化的供应商体系。2021年从空客公布的合格供应商目录来看，总计有3186家供应商，而2019年为3143家[②]。空客淘汰及新添了一批供应商，动态保持着供应链的竞争性和安全性。空客在全球范围内选择供应商，能够优中选优，在获得成本优势的同时保证质量，在提高产能的同时打开当地市场。

5.2.3 产业之间分工协作水平提升典型形式：产业融合发展

协作生产力推动经济社会的发展在产业层面体现为产业融合带来的生产效益的提升。产业层面的协作生产力在马克思那个年代体现最明显的是新产业不断分化、产生，社会分工带来了巨大的效益，而在产业门类日益完善、产业分工已经较细化的当今时代，经济主体为了实现利益最大化，会选择最适宜的生产方式，开始出现分工基础上的融合。同时我们党和国家加强顶层设计，推动实现服务业与制造业的融合、服务业与农业的融合、服务业内部不同行业之间的融合以及数字经济赋能产业融合等。产业融合是建立在高度专业化分工基础之上的，其实质是产业间分工的内部化，专业化分工深化细化是产业融合的基础和前提。

协作生产力推动产业融合带来重要经济效益，一是有利于现代化产业

[①] 财富中文网：《2022年财富世界500强分行业榜：航天与防务》，2022年8月3日，https://www.fortunechina.com/fortune500/c/2022-08/03/content_415730.htm。

[②] 中国民用航空网：《从2021空客供应商目录看全球航空供应链变化》，2021年5月27日，https://www.ccaonline.cn/zhizao/hktop/653393.html。

体系建设。产业融合可以激发产业链价值链的分解、重构和功能升级，引发产业功能、形态、组织方式以及商业模式的重大变革，同时催生一系列新技术、新平台、新模式和新业态，推动传统产业转型升级，培育产业竞争新优势，拓展培育新产业、新业态、新模式，提升产业的生产率、附加值和竞争力，抢占产业竞争制高点，推动产业结构转型升级和现代化产业体系建设[1]。二是有利于推动农业农村现代化，实现乡村振兴。现代服务业与现代农业深度融合，既有利于将科技、人才、资本等专业化要素引入农业，将现代产业发展理念和组织方式引入农业，提升农业产业链供应链的资源配置效率，也有利于在农业发展过程中加快实现由生产导向朝消费导向转变，加快实现质量兴农、绿色兴农、服务强农、品牌强农，助推农业农村现代化。这是补齐农业农村现代化短板的重要抓手，也是坚持农业农村优先发展、全面推进乡村振兴的题中应有之义。

5.2.4 区域之间分工协作水平提升典型形式：区域协调发展

协作生产力强调协调、共享，具体在区域层面体现为形成彰显优势、合理分工协作的区域经济布局。习近平总书记指出，"不能简单要求各地区在经济发展上达到同一水平，而是要根据各地区的条件，走合理分工、优化发展的路子"[2]。

协作生产力推动区域协调发展的具体发展形式，其一是形成彰显优势、合理分工的区域经济布局。首先，各地区把握好自身的定位及机遇：西部地区抓住向西开放的战略机遇，大力发展特色优势产业，抓重点、补短板、强弱项；东北地区是我国重要的工业和农业基地，需从维护国家国防安全、粮食安全、生态安全、能源安全、产业安全的高度出发实现东北

---

[1] 姜长云:《协同推进产业融合与科技创新》,《中国中小企业》2021年第9期。
[2] 习近平:《推动形成优势互补高质量发展的区域经济布局》,《求是》2019年第24期。

新质生产力：如何看？怎么办？

的全面、全方位振兴；中部地区要积极融入国家战略，强化"一中心、四区"战略定位；东部地区要加快培育世界级先进制造业集群，不断提高创新能力和经济增长能级。① 其次，强化区域协调联动，持续缩小区域发展差距，实现区域之间的协作共赢。让南北方、东中西部在国内产业链条中占据不同的位置，同时要使不同的区域在产业链上下游实现供需的精确对接，提高最终产品的附加值、精细度和市场竞争力，发挥整体合力②。其二是深入实施区域发展重大战略，推动京津冀协同发展、长江经济带发展、粤港澳大湾区建设、长三角一体化发展、黄河流域生态保护和高质量发展等一系列区域重大战略的实施。其三是建设好区域经济协调发展的重大工程，如"西电东送""西气东输""南水北调""东数西算"等重大战略，在实现各地区资源协同发展的基础上，推动产业链合理有序布局。

【专栏5-2】区域经济协调发展重大工程简要介绍

"西电东送"就是把煤炭、水能资源丰富的西部省份的能源转化成电力资源，输送到电力紧缺的东部沿海地区，形成从南到北、从西到东，北、中、南三路送电格局的工程。北线由内蒙古、陕西等省份向华北电网输电；中线由四川等省份向华中、华东电网输电；南线由云南、贵州、广西等省份向华南电网输电。

"西气东输"工程是输气管道工程，该管道是中国距离最长、口径最大的输气管道，西起塔里木盆地的轮南，东至上海。全线采用自动化控制，穿越的地区包括新疆、甘肃、宁夏、陕西、河南、湖北、江西、湖南、广东、广西、浙江、上海、江苏、安徽、山东和香港特别行政区，供

---

① 欧阳慧：《把握新时代区域协调发展的战略要求》，《经济日报》2023年5月4日第10版。
② 周绍东、陈艺丹：《新发展格局与需求侧改革：空间政治经济学的解读》，《新疆师范大学学报（哲学社会科学版）》2021年第6期。

气范围覆盖中原、华东、长江三角洲地区。

"南水北调"分东、中、西三条线路，东线工程起点位于江苏扬州江都水利枢纽；中线工程起点位于汉江中上游丹江口水库，受水区域为河南、河北、北京和天津；西线工程尚处于规划阶段，没有开工建设。

5.3 典型案例剖析

案例一

智能工厂——上汽大众按下"智"造加速器[①]

上汽大众汽车有限公司是一家中德合资企业，由上汽集团和大众汽车集团合资经营。公司于1984年10月签约奠基，是国内历史悠久的汽车合资企业之一。近年来电车逐渐兴起，未来将成为时代主流，目前特斯拉走在了电车行业的前沿，而作为全球著名车企，上汽大众也将开始广泛生产和制造电车，为了实现在电车领域的弯道超车，其在上海安亭建造了全球范围内首个MEB工厂，将开启大众的下一个时代。

上汽大众的MEB工厂是"工业4.0"的标杆，生产高度自动化、智能化，促进电车生产的规模化、高效率、高质量。工厂采用了超过1400台机器人，车身和电池车间基本实现无人化全自动生产，总装车间的自动化程度相比传统车间也提升了45%，具备高度自动化水平。相比传统的人工安装及运输，自动化设备的投入使生产效率更高，提升生产稳定性，保障产品质量更加稳定可靠。同时，MEB新能源汽车工厂是上汽大众首个实现工业无线网络全覆盖的工厂，车间内布置了

---

① 腾讯网：《探访上海安亭MEB工厂，揭秘大众开启下一个时代的地方》，2021年10月21日，https://new.qq.com/rain/a/20211021A04WTS00。

新质生产力：如何看？怎么办？

大量的 AP 生产无线热点，结合工业物联网、云存储等互联技术，实现系统集成、数据协同，依托中央监控系统、设备智能管理系统、生产关键指标动态管理系统、能源智能管理系统四大核心系统，对生产线上产生的"大数据"进行监控与分析，悉数掌握设备运行、产品质量、物流、能源消耗各种信息，让制造可视、可追溯、可预测，实现从设计、生产到销售各个环节的互联互通，推动管理智能化、科学化。

上汽大众建立智能工厂，实现企业内部分工协作数字化转型，提升了生产效率，实现了科学化、智能化管理，发挥了协作生产力的更大作用，从而在电车行业占据一席之地。上海安亭 MEB 工厂一年安装、调试，一年实验测试、预批量生产，两年内上汽大众新能源汽车工厂就从零转变为一座规划年产能 30 万台的电动汽车生产基地，也直接超过了一期规划年产能 25 万台的特斯拉上海"超级工厂"，成为目前国内生产规模最大、效率最高的纯电动汽车工厂，并且满产后年产值可达 580 亿元，剑指电车行业之巅。

案例二

企业间网络化分工协作——
中国兵器装备集团有限公司构建"整零"协同网络[①]

中国兵器装备集团有限公司成立于 1999 年 7 月 1 日，集团公司拥有包括长安汽车（集团）有限公司、中国嘉陵工业股份有限公司、建设工业（集团）有限公司、中国兵器装备研究院等在内的 60 多个全资或控股的子公司和研究院所。近几年来，中国兵器装备集团发挥长

---

① 中国信息通信研究院：《大中小企业融通创新典型模式案例集（2022 年）》，2022 年 9 月 19 日，第 26 至第 31 页。

安汽车的引领作用，推动强化整车和零部件企业协同发展，逐步探索出成体系、出成效的协同发展模式。

在分工协作网络中，中国兵器装备集团下的整车和零部件企业实现了研发协同、质量协同、资源协同等多个协同，推进产业生态圈建设，推动汽车产业向高质量发展转变。在研发协同中，积极推进建立整车和零部件联合研发中心，光电企业联合创新平台取得突破，"长安汽车—华中马瑞利汽车照明系统联合创新中心"成立，长安汽车前瞻技术、重庆青山传动技术、东安动力增程动力3家研究院获集团级研究院授牌。在质量协同中，加强整车与零部件企业在质量体系、质量标准、质量文化等领域的贯通衔接。强化质量体系建设，推进质量能力认证，坚持以认证促整改，以过程质量促产品质量的工作方针，推进零部件企业开展整车质量体系OCA认证。严格质量管理，按照"绝情抓质量"的管理原则，对过程质量、市场质量以及质量索赔实施严格的全周期全链条闭环管理。在资源协同中，加强整车与零部件企业人力资源协同，鼓励员工相互使用、专家相互共享、干部相互挂职；加强产业链供应链资源协调，尤其在2020年、2021年疫情保供期间，充分发挥集团公司优势分工协作、拼抢资源，积极协调地方政府和相关企业，在行业率先全面复工复产。

中国兵器装备集团推动强化整车和零部件企业协同发展，逐步探索出成体系、出成效的协同发展模式，发挥出了企业之间网络化分工协作的整体合力，提升了发展效益。在汽车制造行业，中国兵器装备集团汽车产业整体竞争力显著提升，2021年长安汽车整车销量增速高于行业12个百分点，行业排名重回中国品牌汽车第四、狭义乘用车销量国内第二。

新质生产力：如何看？怎么办？

案例三

产业融合发展——
北京百旺农业种植园实现"莓"美与共[①]

北京百旺农业种植园成立于2008年，是一个集种苗培育、标准化种植、智慧农业、观光采摘为一体的农业园区，也是西北旺镇镇属企业。近年来，百旺农业种植园积极探索农业发展的多种形式，如智慧农业、休闲农业等，为农业第一、第二、第三产业融合发展提供了实践经验。

在智慧农业方面，百旺农业种植园利用5G温室智能控制系统对草莓生长的温度、湿度、光照、营养液浓度等生长指标实时监测，对草莓生长进行更加精确的定量管理，为草莓植株创造出最佳的生长环境，提升草莓质量。同时，通过将采集到的实际环境指标进行智能化分析，能够最终做出最合理、最经济、最高效率的实施决策，并与园区内的传感、遥感、物联网等技术与管理相融合，不仅促进草莓生产智能化，节水节肥，降低生产成本，还解决了人力成本过高、生产效率差、管理精准化程度低等问题，有效提升了园区综合管理水平。在休闲农业方面，百旺农业种植园除了种植草莓以外，还可供游客观光、采果、体验农作、了解农民生活、享受乡土情趣。同时百旺农业种植园作为劳动教育示范基地，拥有农业科普馆、牡丹观赏园、中药百草园、传统工艺园、躬耕乐道、萌宠精灵、食育天地、植物工厂、劳动嘉年华广场等多个主题园区，可开展丰富多样的农事趣味活动，满足不同阶段学生的农作体验活动。

---

① 韩小暖：《打造5G智慧温室引领草莓智能化生产》，北京美丽乡村网，2022年7月29日，http://www.kepu.gov.cn/jcsn/2022-07-29/content_1741934.html。

百旺农业种植园利用新兴科技发展数字农业、智慧农业，提升草莓的质量和产量，同时开展休闲农业，既合理利用了现有资源又增加了收入，是产业融合发展的实例范本。2022年发布了全国智慧农业典型案例，百旺农业种植园为其中之一。

案例四

区域协调发展——
"东数西算"构建数字时代"经济新版图"[1]

纵观人类历次技术革命，每一次都是生产力的重新布局，都会编织一张新基础设施"网络"。蒸汽时代布局了一张"铁路网"，电气时代构建了一张"电网"，而数字经济时代正在编织一张"算力网"。谁在算力网优化升级上抢先一步，谁就能占领未来发展制高点。为构建新型算力网络体系，我国加快推进"东数西算"工程。"东数西算"中的"数"是指数据，"算"是指算力，即对数据的处理能力。"东数西算"是指通过构建数据中心云计算、大数据一体化的新型算力网络体系，将东部算力需求有序引导到西部，优化数据中心建设布局，促进东西部协同联动。

"东数西算"打通"数"动脉，推动形成东西部协调发展新格局。我国东部地区经济发达，互联网行业蓬勃发展，2022年数字经济规模占到全国的69.6%，但是东部地区能源匮乏、电力成本高、土地资源紧张，大规模发展数据中心难度和局限大，导致数据中心供不应求，而在经济相对落后的西部地区，再生资源丰富，气候适宜，但是产生

---

[1] 光明日报：《"东数西算"让数字化"脚步"更快更稳》，2022年2月28日，https://www.gov.cn/zhengce/2022-02/28/content_5675995.htm。

新质生产力：如何看？怎么办？

的数据较少，数据中心却日益增多，导致供过于求，这种供需矛盾使得"东数西算"工程的实施显得更加必要和迫切。"东数西算"既能够缓解东部地区资源紧张的局面，延展东部发展空间，还能够推动数据和信息要素从东部向西部流动，提升西部地区对人才和资金的吸引力和吸纳能力，引领带动物资流、资金流、人才流、技术流等从东部向西部流动，促进东部地区的互联网、大数据、人工智能等企业产业链环节向西部地区延伸，激发西部数字经济活力，促进西部经济快速发展，从而推动形成以数据为纽带的东西部协调发展新格局。这样一来就能够利用东西部各区域的优势资源，强化东西部跨域统筹发展，实现经济发展的整体合力。

在《2022—2023 全球计算力指数评估报告》中，15 个样本国家的计算力指数平均每提高 1 点，国家的数字经济和 GDP 将分别增长 3.6‰和 1.7‰。当计算力指数达到 40 分以上时，国家的计算力指数每提升 1 点，对 GDP 增长的推动力将提高到 40 分以下时的 1.3 倍；而当计算力指数达到 60 分以上时，国家的计算力指数每提升 1 点，其对于 GDP 增长的推动力将提高到 40 分以下时的 3.0 倍。可见，算力正成为我国在新发展格局下衡量经济状况的"晴雨表"[①]。相信随着未来"东数西算"工程的建设完成，我国算力将会支撑经济更好地发展，同时将充分带动东西部区域间的产业融合、要素流动、算力协作，进一步释放区域协作生产力的效应，实现共赢发展。

[①] 孙凝晖：《"东数西算"工程系列解读之一 | "东数西算"工程助力我国全面推进算力基础设施化》，2022 年 3 月 7 日，https://www.ndrc.gov.cn/xxgk/jd/jd/202203/t20220317_1319467.html。

第6章　绿色生产力

"自然界是人的无机的身体。人靠自然界生活。"[1]

——马克思：《1844年经济学哲学手稿》（1844年8月）

"各部门都要搞多种经营、综合利用。要充分利用各种废物，如废水、废液、废气。"[2]

——毛泽东：《毛泽东年谱（1949—1976）》（1960年4月13日）

"绿色发展是高质量发展的底色，新质生产力本身就是绿色生产力。"[3]

——习近平：《习近平在中共中央政治局第十一次集体学习时强调 加快发展新质生产力　扎实推进高质量发展》（2024年2月2日）

6.1　什么是绿色生产力

推动生态文明建设，促进绿色发展是关系着中华民族永续发展的根本大计。习近平总书记强调"绿水青山就是金山银山"，并将绿色发展提升为新发展理念重要内容。"保护生态、绿色发展"已然成为新时代全面推进中国式现代化建设的一个重要方式和高质量发展的重要体现。因此我们讨论新质生产力，离不开绿色生产力。

---

[1] 《马克思恩格斯选集》（第1卷），人民出版社2012年版，第45页。
[2] 《毛泽东年谱(1949—1976)》（第4卷），中央文献出版社2013年版，第373页。
[3] 《习近平在中共中央政治局第十一次集体学习时强调 加快发展新质生产力 扎实推进高质量发展》，《人民日报》2024年2月2日第1版。

新质生产力：如何看？怎么办？

6.1.1　认识绿色生产力

（1）绿色发展是历史的必然

回顾世界文明发展的历程，自人类诞生之日起，我们的历代先祖就从未停止过对人与自然关系的探索和思考。从原始时期的采集渔猎，到农业文明时期的畜牧耕作，再到工业文明时期的机器大生产，人们对人与自然关系的认识随着生产力的发展经历了"人类屈服于自然"到"人类征服自然"的转变。工业革命以前，由于生产力水平低下，人们利用和改造自然的能力有限，对自然存有敬畏之心，主张顺应自然。例如古希腊罗马时期，人们认为自然万物皆有神性，人与自然相互依存，并且人可以通过理性探索自然法则，亚里士多德的自然哲学便是这些思想的一个重要体现；欧洲封建社会时期，人们强调对土地资源的合理利用，基督教还教导人们对自然保持敬畏；中国古代的儒家、道家等经典也提倡"自然无为""天人合一""天地大化"等，这些尊重自然、顺应自然的观点赋予了绿色发展思想深厚的历史文化底蕴。然而三次工业革命以后，生产力水平迅速提高。随着资本主义经济的不断发展，以攫取剩余价值为最终目的，不计后果地扩大生产规模、乱排乱放、掠夺资源，甚至提出"征服自然"的口号，使生态环境遭到了严重破坏，人类也因此而付出了惨痛的代价。这段灰色的历史无疑是提醒人们如何选择未来发展道路的最大教训，也揭示出在科技不断进步的今天，我们尊重自然、保护自然，走绿色发展道路是历史的必然。

（2）保护环境就是保护生产力

马克思恩格斯在其著作中充分肯定了生态自然对于人类的资源价值。他们认为生态自然物不仅是"人的直接的生活资料"，而且是人的生命活动的对象，"为劳动提供材料"。生态自然物作为生产力的实体要素之一，是人类生产劳动的作用对象。离开了生态自然物,人类的劳动便是无米之炊。① 并且还强调通过技术进步、改进工艺等手段"把生产过程和消费过程中的废料投回到再生产过程的循环中去"②。这些观点中早已暗含着对绿色生产力的解释。

中华人民共和国成立以来,党的各届领导人正是在这样的思想基础之上,吸收中华优秀传统文化并结合我国社会主义建设实践,不断扩充绿色生产力的内涵和外延。毛泽东历来主张节约资源与开支,曾指出"和生产相辅的是节约,必须尽可能地减少浪费",③ 揭示了节约和生产之间的关系;④ 同时他还重视废弃物的综合利用,主张"变废为宝",这些观念里都隐藏着绿色发展的影子。改革开放以后,邓小平更强调科学进步在经济发展和保护环境中的作用,并且高度重视植树造林工作,认为植树造林绿化祖国要坚持千百年。进入21世纪,江泽民提出"破坏环境资源就是破坏生产力,保护资源环境就是保护生产力"⑤"选择有利于节约资源和保护环境的产业结构和消费方式"⑥"不仅要安排好当前的发展,还要为子孙后代着想"⑦ 等观点,并确立了可持续发展战略。胡锦涛也强调要发展循环经济,实现绿色增长,要"加大循环经济试点力度,努力提高生产活动的循环化,生态化水平"⑧,并且"要加强对节约能源资源的科技研究开发,促

---

① 黄志斌、高慧林:《习近平生态文明思想:中国化马克思主义绿色发展观的理论集成》,《社会主义研究》2022年第3期。
② 《马克思恩格斯文集》(第5卷),人民出版社2009年版,第699页。
③ 《毛泽东文集》(第3卷),人民出版社1996年版,第240-241页。
④ 黄志斌、高慧林:《习近平生态文明思想:中国化马克思主义绿色发展观的理论集成》,《社会主义研究》2022年第3期。
⑤ 《江泽民论有中国特色社会主义(专题摘编)》,中央文献出版社2002年版,第282页。
⑥ 《江泽民文选》(第1卷),人民出版社2006年版,第464页。
⑦ 《江泽民文选》(第1卷),人民出版社2006年版,第464页。
⑧ 胡锦涛:《把节约能源资源放在更突出的战略位置,加快建设资源节约型、环境友好型社会》,《人民日报》2006年12月27日第1版。

新质生产力：如何看？怎么办？

进循环经济发展"①。进入新时代，习近平总书记反复强调"绿水青山就是金山银山"，道出了绿色生产力的核心内容；同时，在兼顾发展和生态保护过程中，更强调"宁要绿水青山，不要金山银山"，"保护环境就是保护生产力"，②习近平总书记的这些深刻论述，反映了绿色生产力的基本内涵，具有重要意义。详见表6-1。

表6-1　马克思恩格斯及中国历届领导人关于自然生态的观点

观点	作者
自然生态物为劳动提供材料	马克思、恩格斯
没有林，也不成其为世界	毛泽东（1959）
绿化祖国，造福万代	邓小平（1991）
保护资源就是保护生产力	江泽民（1996）
尊重自然、顺应自然、保护自然	胡锦涛（2012）
绿水青山就是金山银山	习近平（2005）

（3）绿色发展关系中华民族永续发展根本大计

总结以上论述，我们可以进一步认为绿色生产力是在绿色发展理念的引领下，以绿色低碳技术创新为主导，以绿色产业为载体，以经济和生态效益双增长为目标，在支撑绿色经济发展中持续满足人民美好生活需要的能力；是摆脱极度依赖资源能源消耗的传统发展方式、能够达到环境生产力要素保护和生产力发展有机统一的生产力。

首先，它以绿色发展理念作为引领，主张摆脱依靠大量资源投入、高度能源消耗，实现绿色低碳的生产方式，高度契合了我国生态文明建设的目标、理念和原则。其次，它以绿色低碳技术创新为主导，这是由新科技革命和产业革命的时代背景所决定的，只有牵住绿色科技这个"牛鼻子"，

---

① 胡锦涛：《充分发挥科技进步和创新的巨大作用 更好地推进我国社会主义现代化建设》，《人民日报》2004年12月29日第1版。

② 《习近平关于社会主义生态文明建设论述摘编》，中央文献出版社2017年版，第21页。

保持绿色创新的不竭动力，才能更好地推动我国经济可持续发展。再次，它以绿色产业为载体，既包括开发和利用自然资源发展新兴绿色产业，充分发挥自然生产力的作用，又包括传统产业要素、生产过程和产品的绿色化，兼顾生态与经济的双重价值。最后，它以经济和生态效益双增长为目标，不断满足人民对美好生活的需要。无论是绿色发展理念引领，还是绿色技术创新、绿色产业支撑，归根到底，绿色生产力都是为转变经济发展方式、促进高质量发展服务的，是为了提高人民生活水平，给人民提供更多优质生态产品，最终实现人与自然和谐共生的现代化。绿色发展不仅关系着当前人们的生活，更关系着子孙后代的生存与发展，是在大历史观的条件下关系着中华民族永续发展的根本大计。

6.1.2 绿色生产力的特征

绿色生产力是在绿色发展理念引领下，由绿色科技驱动绿色产业发展，推动经济发展方式绿色化转型以实现经济高质量发展的一种新质生产力。作为一种这样的新质生产力，"绿色"是其区别于其他生产力最显著的标志。因此，我们也需要从"绿色"本身来挖掘绿色生产力背后独有的经济特征。在这里，我们认为绿色生产力的特征主要体现在可持续性、环保性、平衡性与平和性四个方面（见图6-1）。

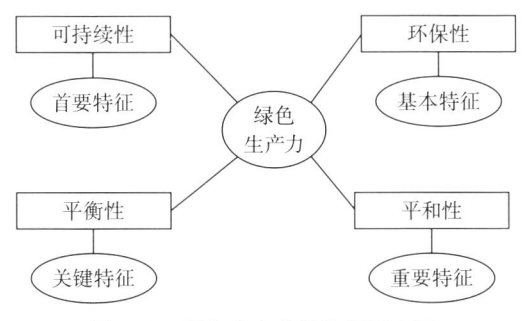

图6-1 绿色生产力的特征示意图

新质生产力：如何看？怎么办？

（1）可持续性

可持续性是绿色生产力的首要特征，它强调绿色生产力是可持续发展生产力。绿色本身就是一种象征着生机与希望的颜色，而绿色生产力也是一种充满生机与希望的生产力。这一方面表现在绿色生产力的发展动力延绵不绝，另一方面表现在绿色生产力的发展前景光明可期。绿色生产力秉持着资源节约和循环利用的理念，不仅考虑到眼前的发展利益，更关注着长远的发展利益。它是与我国生态文明建设相契合的，也是与转变经济发展方式、实现高质量发展相适应的，能够始终为经济社会发展提供可持续的支持和不竭的动力。丰富的自然资源和美丽的生态环境是自然对人类最慷慨的馈赠，发展绿色生产力便是要求尊重自然规律，保护生态环境，如此才能让自然生产力绵延不绝，持续创造生态财富。

（2）环保性

环保性是绿色生产力的基本特征，它强调绿色生产力是环境友好型和资源节约型的。绿色生产力要求其对应的生产方式是对环境友好且有利于资源节约的。一方面，它能通过绿色科技创新来减轻环境污染和降低能源消耗，即通过生产工艺的改进实现清洁生产；通过改良升级制造装备降低传统生产中的能源资源消耗；通过开发废弃物回收和资源循环利用技术，减少生产中的废弃物排放，实现废物回收再利用。另一方面，它还能促进人们在尊重自然的基础上合理开发和更加高效地利用生态资源，充分发掘生态资源的价值，发挥美丽环境的"招牌"作用，从而更好地调动自然生产力，为人类创造更多的经济价值。

（3）平衡性

平衡性是绿色生产力的关键特征，它强调绿色生产力内含和谐与融洽。这主要包括了三个层面的含义：首先，绿色生产力的发展能够实现人与自然和谐共生的目标，达到人与自然生态之间的平衡；其次，绿色生产力的发展能够通过技术创新和产业发展更好地利用生态资源，实现生态保护与经济发展的平衡；最后，绿色生产力的发展还可以通过改进生产工艺降低资源依赖，缓解各国对于自然资源的争夺，从而缓解全球资源危机，促进国际资源分配的平衡，推动世界各国共同维护全球生态环境。

（4）平和性

平和性是绿色生产力的重要特征，它强调绿色生产力给人的体验感。绿色生产力对生态环境污染极小，发展绿色生产力能保障人们拥有更优美的生活环境；绿色生产形成的产品绿色安全，能够更好地满足人们的多样化需求，为人们提供更多优质的生态产品，提高人们的生活质量和幸福指数，从而助力构建人与自然和谐共生的现代化。

6.1.3 绿色生产力的作用

形成和发展绿色生产力，对于我国抓住科技革命和产业革命的机遇，推动绿色科技创新、加快促进经济发展方式绿色转型、发展绿色产业，走出一条绿色低碳引领产业高质量发展的新路径[1]，从而进一步实现经济高质量发展，为人民提供更多优质生态产品，加快建立人与自然和谐共生的现代化等都具有十分重要的作用。下面我们主要从绿色技术、绿色生产、绿色产业和绿色产品四个方面概括绿色生产力的作用。

第一，推动绿色技术创新，为经济发展转型提供根本动力。科技创新在生产发展中历来起着关键性作用。绿色生产力以绿色科技创新为主导，而绿色技术在其中至关重要。绿色生产力普及应用也必然会推动相关领域基础性研究开展，并加快创新型科研成果转化，从而推动绿色技术的革新与应用，提升生产过程中的能源和资源利用效率，降低环境污染，进一步

---

[1] 张林、蒲清平：《新质生产力的内涵特征、理论创新和价值意蕴》，《重庆大学学报》2023年第6期。

新质生产力:如何看?怎么办?

成为推动经济绿色化转型的根本动力。例如,智能化技术的引入可以实现自动化控制和精确调控,减少生产过程中的能源损耗和废弃物排放;传感器技术的应用可以实时监测环境质量,并及时调整生产参数,以减少对环境的不良影响。

第二,绿色化生产过程,节约资源保护环境。在推动绿色技术创新的同时,发展绿色生产力,还能够促进生产过程进一步绿色化,实现高效清洁生产,节约资源保护环境。如何降低生产过程中的能源消耗和污染排放是长期以来困扰着众多高能耗企业的首要难题。虽然随着生产方式的不断优化,资源浪费和污染排放等问题已经极大改善,但离真正意义上的清洁生产仍然存在一段距离。如今,生产过程的绿色化成为绿色生产力的重要要求和直接体现。发展绿色生产力能够促进传统生产方式变革,改变传统生产过程中高度依赖能源资源消耗和大量排放生产废弃物的模式,采用清洁生产工艺,使用清洁能源,从而提高资源利用效率,减少有害物质的排放和废弃物的产生,并且降低生产过程中对环境的污染。例如,采用可再生能源替代化石燃料可以减少温室气体的排放,采用循环利用和再生利用技术可以最大限度地减少废物的产生并实现资源的有效利用。

第三,促进绿色产业成长,为绿色发展提供产业支撑。在推进高质量发展中,产业结构优化升级依然是重要任务。绿色产业是绿色生产力的载体和重要表现形式。绿色生产力发展一方面能够促进传统产业转变成以环境保护为导向的发展模式,推动经济结构的优化,减少对传统高能耗、高污染产业的依赖;另一方面能够促进环境服务、环境咨询、环保设备制造等新兴环保产业的兴起,丰富绿色产业体系。此外,绿色生产力发展还能促进生态资源合理开发,发展以优美生态环境为基础的旅游服务业等。这共同描绘出绿色产业发展的蓝图,对于加快建立现代化绿色产业体系,达到经济效益与环境效益的"双赢",进而实现绿色发展具有十分重要的意义。

第四，增加绿色产品供给，满足人民对优质生态产品的需求。习近平总书记指出："江山就是人民，人民就是江山。"我们所推行的绿色发展的一系列措施，最终都是要符合人民的利益，满足人民的需要。伴随着我国经济发展程度的不断提高，人民的生活水平有了显著提升。当前人们的消费需求更加多样化、个性化，对产品的品质要求也更高。而发展绿色生产力则可以通过绿色技术革新和绿色产业发展，推动产业结构和产品结构优化，提供更多真正符合人民需要的高质量绿色产品。当前广泛使用的绿色产品如节水器具、节能灯具、可降解材料等都满足了人们对消费产品健康安全的需求，同时还具备节能环保的优势。

6.2 绿色生产力如何运行

"我们既要绿水青山，也要金山银山。宁要绿水青山，不要金山银山，而且绿水青山就是金山银山。"① 这是绿色生产力运行的形象化表达。发展绿色生产力，推动绿色技术进步，不仅是要克服绿水青山与金山银山在发展中的矛盾，实现二者的共同发展，更是要达到绿水青山向金山银山的转化，实现二者一体化发展，这是绿色生产力的精髓要义。图6-2为绿色生产力的运行示意图。

【专栏6-1】"两山论"的阶段性发展过程

习近平总书记在对"两山论"的阶段性分析中认为：第一个阶段是用绿水青山去换金山银山，不考虑或者很少考虑环境的承载能力；第二个阶段是既要金山银山，也要保住绿水青山；第三个阶段是认识到绿水青山本

---

① 《习近平关于社会主义生态文明建设论述摘编》，中央文献出版社2017年版，第21页。

新质生产力：如何看？怎么办？

身就是金山银山，生态优势变成经济优势，形成了浑然一体、和谐统一的关系。[①] 对于绿色生产力，我们也可以根据技术水平划分为三个发展阶段：第一是在技术发展相对不足的阶段，面对发展与保护难以调和的矛盾，我们需要有长远的目光，宁要绿水青山，不要金山银山；第二是在技术发展到一定程度，可以缓和保护与发展之间的矛盾时，我们需要大力推进环保技术在生产中的应用，努力实现绿水青山与金山银山的兼顾；第三是在技术取得充分发展和极大进步的条件下，我们更要以科技创新为主导，着力推动产业生态化和生态产业化，将绿水青山转化为金山银山。

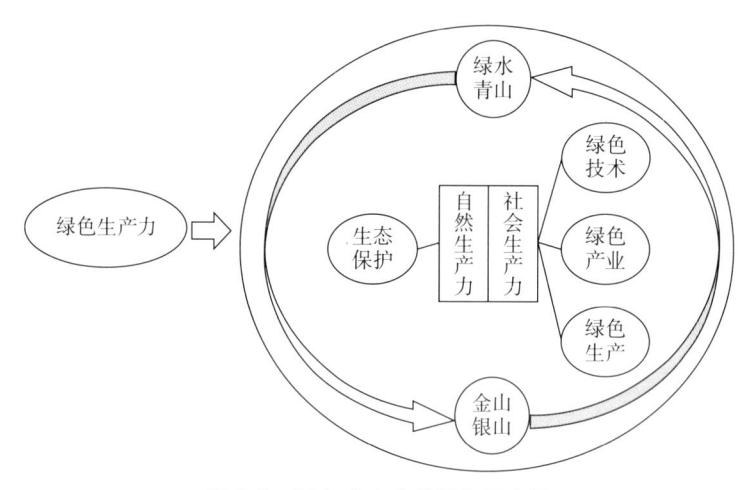

图 6-2 绿色生产力的运行示意图

6.2.1 在生态保护中绵延自然生产力

首先，绿色生产力在环境保护中绵延自然生产力。马克思在研究生产力概念的时候，就已经看到了自然生产力的作用。他指出"劳动的自然生产力"和"劳动的社会生产力"共同组成了"劳动生产力"，并且还认为

[①] 段蕾、康沛竹：《走向社会主义生态文明新时代——论习近平生态文明思想的背景、内涵与意义》，《科学社会主义》2016 年第 2 期。

自然生产力是最基本和最富有创造力的生产力。绿色生产力正是马克思自然生产力的丰富和扩展。我们保护环境，从而葆有绿水青山，就意味着生态系统中的生产者、消费者和分解者之间能够实现不断循环，也能使自然生产力绵延不绝，自然价值生生不息。自然生产力进入人的物质生活和精神世界、感性生活和理性世界，成为利人、惠人的自然财富和生态财富。[1]所以保护生态环境既是对自然生产力的保护，也是对社会生产力的保护，而自然生产力与社会生产力一起，才构成了整个生产力的总和，共同为人类创造财富。

6.2.2 以绿色技术化生态财富为社会经济财富

绿色生产力以绿色技术为核心动力，将生态价值转化为社会经济价值，实现绿水青山金山银山的和谐统一。绿色生产力作为新质生产力的一种，科技创新驱动是其区别于其他生产力的最大亮点，也是其运行的根本动力，随着科研水平的不断提高，绿色技术在各领域的应用也更为广泛，为实现绿水青山向金山银山的转化提供了有力的技术支撑。

绿色科技的创新和应用不仅可以推动产业生态化和生态产业化，还能使二者实现双向互动。首先，从产业生态化的角度看，绿色科技创新能够在创造金山银山的同时葆有绿水青山，使社会财富和经济财富得以持续创造。例如绿色技术应用于传统制造业，能够改良制造装备，改进生产工艺，减少污染排放并提高资源利用效率，从而加快实现生产过程和结果的绿色化。其次，从生态产业化的角度看，绿色科技创新能够推动绿水青山向金山银山不断转化。例如绿色技术应用于新兴环境产业，能够推动大量闲置的原始生态资源开发，并对已开发的环境资源更好地进行保护性利

---

[1] 黄志斌、高慧林:《习近平生态文明思想:中国化马克思主义绿色发展观的理论集成》,《社会主义研究》2022年第3期。

新质生产力：如何看？怎么办？

用，将自然环境和资源的生态价值转化为社会经济价值。最后，从二者实现双向互动的角度来看，绿色科技创新能为绿水青山和金山银山间的相互转化提供不竭动力。例如，绿色技术应用于现代服务业，一方面能够通过各类服务设施绿色化打造优美环境，从而吸引资本和人才注入，进一步开发生态资源，以产业生态化推动生态产业化；另一方面开发利用生态资源也能吸引更多消费者到来，从而倒逼服务设施绿色升级，以生态产业化推动产业生态化。

6.2.3 在绿色产业载体中孕育生产力

绿色产业是绿色生产力运行的载体，也是我国将要建成的现代化产业体系的重要组成部分。推动绿色产业成长壮大，培育绿色发展的新动能，对于形成和发展绿色生产力、走绿色低碳高质量发展道路和建设人与自然和谐共生现代化都具有重大意义。绿色产业涉及清洁生产、清洁能源、生态农业、基础设施绿色升级等不同领域的具体产业。

以生态农业为例来看绿色产业如何发挥作用。生态农业是绿色生产力运行在农业领域的具体表现。它涉及农业生产方式改进、低毒农药使用、土壤改良等农业种植的多个方面。例如在农业生产方式上，对果树采取干湿交替的方法进行浇灌，能更准确地掌握植物的需水量，避免过度灌溉，节约水源；还可以刺激植物根系向深处生长，提高植物的抗逆性，并促进土壤养分聚集到植物根系，提高植物养分吸收效率。在农药使用上，通过改进生物化学技术，研发更多更环保的农作物病虫害防治产品，或是由天然动植物提取合成，或是用更低毒的成分来替代。其使用不仅能减少环境污染，还能提高药效，保障农作物品质。土壤改良是指通过先进技术，改善土壤性状，提高土壤肥力。其中既包括物理上的兴建水利工程、修建梯田等，也包括化学上的施用化肥和土壤改良剂，还有生物上的通过微生物改善土壤结构等。这些方法的应用对于改善土壤条件、提高单位土地农产品产量具有十分重要的意义。

6.2.4　在绿色生产中释放生产力

绿色生产力运行在生产过程中，主要体现在利用绿色技术实现节能环保以及清洁生产等方面。

节能环保侧重于在生产的过程中通过技术改进来降低能源资源消耗，同时减少废弃物的排放，减轻环境污染。其涉及从开端、中端到末端的整个生产过程，在各个环节都能够利用相应的技术和设备来达到能源节约和环境保护的目的。首先，从生产源头降低能耗、减轻污染排放。如使用清洁能源和环保材料等，能够从源头上阻止污染物的排放和废弃物的产生。其次，在生产的中端实现节能环保主要是通过科技进步来改进生产工艺和相关生产制造装备，从而达到提高能源资源利用效率，并且尽量减少生产过程中污染排放的目的。例如使用先进的制造装备，或者对传统的制造装备进行节能改造等。最后，在生产的末端主要涉及对生产中的污染治理以及对废弃物的处置和再利用。例如制造和使用固体废弃物、放射性物质等污染防治和处理装备以及资源循环利用装备等，从而将生产对环境的危害降到最小。

从清洁生产来看，绿色生产力运行主要表现在生产原料更新、生产工艺改进、生产废弃物处理以及生产园区整体优化等方面。清洁生产首先要求在生产过程中采用无毒无害的生产原料，例如一些安全原料或低毒农药等；其次要求改进生产工艺，降低污染物排放；最后强调推进生产园区整体绿色改进和升级，实现整个生产过程清洁高效，并加强危险废物治理及生产过程废气、废水、废渣的处理处置及资源化综合利用。

6.3 典型案例剖析

案例一

安吉绿色发展——从采砂业到水经济[1]

西苕溪发源于安吉县永和乡的狮子山，自西南向东北流向太湖，自古以来便是安吉的毛竹和竹制品运出的重要通道，也是沿河居民的主要饮用水源，是安吉人的母亲河。历经千年的沉淀，西苕溪底部蕴藏着大量优质黄砂。20世纪70年代后，随着建筑业的迅速发展，国内原材料需求大幅提高，溪中的黄砂成了让安吉人增收致富的"香饽饽"，河砂开采由此兴盛。采砂业发展后，许多村民纷纷加入，一时间西苕溪沿岸竟出现随意开采、随处可采、机器昼夜不停的景象，村民也因此得到了可观的收入。然而连续的高强度开采却对西苕溪流域的生态环境造成了极大的破坏。原本清澈见底的溪水变得浑浊不堪，鱼虾绝迹。更严重的是，大量采砂船进入西苕溪，造成河床泥沙流失，桥梁堤防等安全性能大大下降，遇洪水就有可能被冲塌。面对这些棘手的问题，西苕溪河道生态修复迫在眉睫。

2010—2012年，安吉县对西苕溪商业采砂逐步采取了分区采、限时采的措施，控制采砂总产能，遏制无序开采。2012年1月1日，西苕溪全面实施禁采。从此矿产公司解散，并由村民带头成立起西苕溪护水巡查队，预防盗挖砂石，偷排污水。2014年，安吉又在西苕溪设立禁渔制度，并于2015年启动实施清水入湖河道整治工程。在开展河

---

[1] 安吉发布：《20年20人20事》，2023年8月2日，https://app.meilianji.cn/m.web/aaj-app/#/pages/special-content/special-content/?news_id=116949。

道生态修复的基础上，安吉还探索发展了水经济。为了改变沿河村镇"脏乱差"的风貌，溪流沿线相继开展美丽乡村精品示范村创建、小城镇环境综合整治等活动，打造出一批各具特色的沿河村镇；同时，安吉农业部门还定期向西苕溪水域投放百万尾鱼苗，促进西苕溪水域生物多样性恢复。并由此进一步将西苕溪两岸田园风光、名胜古迹以及美丽乡村串点成线、成面，形成西苕溪绿水经济带。

如今，堤坝成了景观带，不仅消除了水患，还是村民茶余饭后的好去处；白鱼、黄白鱼等争相从太湖洄游安吉产卵，大规模鱼群洄游的盛景再现；沿岸村庄也引进农业水上休闲项目，卖资源变为卖风景。水经济蓬勃发展，不仅给流域内村民带来不错的经济收益，也让有着30多年采砂历史的西苕溪，再现"清水流、鱼儿游、人儿笑"的和谐景象，真正实现了将生态资源变为生产力。

案例二

莆田逐"绿"追"新"——
新兴产业，低碳发展[①]

莆田市地处福建省沿海中部，北连省会城市福州，南接历史名城泉州，西依戴云山，东南濒临台湾海峡，与台湾岛隔海相望，地理位置十分优越；同时，历史悠久的妈祖文化、世界少有的深水良港、绵延万亩的荔枝林带还赋予了莆田得天独厚的自然人文风光。此外，旅外经商的传统也为当地产业发展提供了充足的资金和资源。党的十八大以来，党和国家坚持绿色发展，加快推进福建省生态文明先行示范区建

---

① 福建省人民政府转载福建日报：《莆田：追"新"逐"绿"奋力建设绿色高质量发展先行市》，2023年7月10日，http://www.fujian.gov.cn/zwgk/ztzl/sxzygwzxsgzx/flsxkmh/202307/t20230710_6202245.htm。

新质生产力：如何看？怎么办？

设，支持莆田市建设绿色高质量发展先行市，从此拉开了莆田市以科技创新发展绿色制造的帷幕。

莆田市采取一系列措施为市内制造企业转型创造机会，积极推动各区县制造业利用科技进步开展绿色生产。其中莆田高新区加快构建现代产业体系，推动经济发展质量和效益双提升：区内现已培育构建了电子信息、高端装备及食品加工等三条绿色循环产业体系，形成了新能源汽车产业、HDT高效太阳能电池产业、节能环保装备产业等三大绿色产业板块，绿色产业规模逐年提高，发展势头强劲。此外，仙游县也积极布局引进绿色低碳新能源产业：县内的和拓（仙游）新材料产业园是省重点项目，位于仙游经济开发区五里岭片区，总占地面积248亩，计划总投资50亿元，主要进行新能源汽车拆解及锂电池梯次回收利用、新能源新材料制造。该项目将对废旧汽车的机电产品、动力蓄电池及零部件进行循环再利用，可解决锂电池产业资源紧张及废旧电池、废旧钢铁回收处理问题，降低企业的生产成本，推动新能源产业快速发展。同时，该项目还与已落地的紫京科技、国城控股集团等新能源材料项目形成上下游合作关系，打造动力锂电池新材料链条。在此基础上，仙游县着力延链补链强链扩链，围绕新能源动力电池产业集群，重点招引锂电池能源产业链项目，同时引进氢能燃料电池、动力系统集成等产业链项目，促进区域经济发展。

如今，莆田市的绿色产业发展已经取得了显著的成效。云度新能源汽车项目推进电动汽车整车、电机控制器和电池管理系统的核心技术创新，打造国内先进的新能源汽车产业基地，成为"电动福建"的关键一环；钜能电力高效太阳能电池转换效率大于22%，标准光伏组件功率达到320瓦，比传统多晶硅光伏组件功率高约20%，填补了国内高效太阳能电池空白；百威雪津啤酒通过实施清洁生产及节水节能技术改造，每年可节水约30万吨，打造成全球啤酒行业低碳智慧示范工厂……正是这些企业绘就了莆田新兴产业低碳发展的美丽画卷。目前莆田市已有8家企业获评国家级绿色工厂，莆田高新区获评国家级绿色工业园区，截至2023年3月底，莆田新能源产业链共有规上企业33家，缴纳税费3.91亿元，企业累计用电量约13943万千瓦时，完成固定资产投资8.39亿元。在2023年第一季度全市产业链考评中，新能源产业链位居第一。一条经济效益、社会效益、生态效益统一的绿色之路已然崛起。

案例三

《巴黎协定》——全球气候治理的里程碑[①]

随着社会经济的发展，城市化进程不断加快，温室气体排放迅速增加，全球气温上升导致海平面升高、极端天气事件增多、生态系统受损等，对人类社会和自然环境都造成了严重的影响。2001年，由于潮水淹没全国9个珊瑚礁，图瓦卢宣布举国搬迁至新西兰，成了世界上第一个因为气候变化失去家园的国家。一方面气候变化已经严重威胁到人类的生存，另一方面《京都议定书》又因为各方利益冲突和执行机制的不完善未能取得预期效果。2015年12月12日，《联合国气候变化框架公约》195个缔约方在巴黎举行的第21届联合国气候变化大会上一致同意通过《巴黎协定》，达成了具有里程碑意义的、具有法律约束力的气候变化协议。2016年4月22日，《巴黎协定》由175个国家正式签署，同年11月4日起实施。2021年11月13日，《联合

---

① 人民资讯：《巴黎气候协定的法律效力及实施进展》，2021年12月24日，https://baijiahao.baidu.com/s?id=1719993306230533583&wfr=spider&for=pc。

新质生产力：如何看？怎么办？

国气候变化框架公约》第 26 届缔约方大会在英国格拉斯哥闭幕，会议就《巴黎协定》实施细则达成共识，为《巴黎协定》的实施铺平了道路。

《巴黎协定》中的协议共有 29 条，包括目标、减缓、适应、损失损害、资金、技术、能力建设、透明度等内容。协议提出了 2 摄氏度以内的长期控温目标，并规划在 21 世纪下半叶实现温室气体净零排放。同时，《巴黎协定》还规定了严格的目标任务体系。它确立了 2020 年后以国家自主贡献为主体的全球气候治理模式，明确了发达国家带头减少碳排放量并加强对发展中国家的财力和技术支持，帮助发展中国家减缓和适应气候变化，通过适宜的减缓、融资、技术转让和能力建设等方式，推动所有缔约方共同履行减排责任。

《巴黎协定》是继《京都议定书》之后，人类历史上应对气候变化的又一里程碑式的国际法律文本，构建了 2020 年后全球气候治理的总体格局。自其正式实施以来，全球已有超过 120 个国家和地区提出了自己的碳中和达成路线。在 2021 年 11 月 13 日格拉斯哥大会上，各国按要求做出了积极的规划和承诺。一些国家联合做出承诺。例如，根据《关于森林和土地利用的格拉斯哥领导人宣言》，英国等 12 个国家将在 2021—2025 年提供 120 亿美元的公共资金帮助发展中国家恢复退化土地、应对野火等。还有一些国家自主做出承诺。例如，法国承诺每年向发展中国家提供 1000 亿美元气候金融贷款支持；德国承诺到 2030 年，碳排放量将比 1990 年减少 65%，到 2045 年实现气候中和。日本承诺将加入削减甲烷排放的全球协议等。这些行为都为全球碳减排、各国携手共同促进绿色发展做出了巨大贡献。

第 7 章　蓝色生产力

"由于大规模的铁路建设和远洋航运事业的发展，用来制造原动机的庞大机器才产生出来。"[①]

——马克思：《资本论》第 1 卷（1867 年 9 月 14 日）

"好好地利用沿海和发展沿海的工业老底子，可以使我们更有力量来发展和支持内地工业。"[②]

——毛泽东：《论十大关系》（1956 年 4 月 25 日）

"发达的海洋经济是建设海洋强国的重要支撑。要提高海洋开发能力，扩大海洋开发领域，让海洋经济成为新的增长点。"[③]

——习近平：《进一步关心海洋认识海洋经略海洋 推动海洋强国建设不断取得新成就》（2013 年 8 月 1 日）

7.1　什么是蓝色生产力

"蓝色"与深邃的大海相联系，蓝色生产力与我们海洋科技创新驱动带来的利用海洋、开发海洋、保护海洋的能力提高，进而带来经济效率提升相关。

[①] 《资本论》（第 1 卷），人民出版社 2018 年版，第 441 页。
[②] 《毛泽东文集》（第 7 卷），人民出版社 1999 年版，第 26 页。
[③] 习近平：《进一步关心海洋认识海洋经略海洋 推动海洋强国建设不断取得新成就》，《人民日报》2013 年 8 月 1 日第 1 版。

新质生产力：如何看？怎么办？

7.1.1 认识蓝色生产力

(1) 从大陆文明到海洋文明

人类很早就凭借造船和航海技术开始资源运输和海上贸易。世界四大文明古国都发源于农耕文明成熟的陆地区域，但人类的开发足迹并不止步于内陆地区。因为"虽然人类和驯鹿一样，都不是以水域为家，但是我们拥有独一无二的优势，那就是造船和航海的技术"。[1] 青铜时代，波斯湾的马根船是以成捆的芦苇与柏油的混合物为船体的船只，美索不达米亚人可以搭乘其到达其他地区获取木材和铜矿资源。公元前10世纪到公元前8世纪，地中海沿岸的腓尼基人驾驶船只开辟了进出直布罗陀海峡的航线。公元前3世纪到公元前1世纪，罗马人开始重视航海活动，依靠培养海军力量和扩大海上贸易成为地中海的最强控制者。公元前4世纪，有地中海商人乘坐《红海环航记》中提到的由两只独木舟合二为一的船只，穿过直布罗陀海峡和红海来印度洋地区购买印度南部和中国的特产。

历史上的中国人在改进造船与航海技术的过程中走向海洋世界。唐朝时期（公元7—10世纪），出现了制造铁钉与铁钩的技术，这一技术巩固了帆船船体的稳定性。南宋时期（公元12—13世纪），出现了指南针、改进隔水舱和平衡舵等技术，在商业贸易繁荣发展的时代背景下，中国商人开始运用指南针和季风知识，驾驶商船到东南亚附近进行瓷器和丝绸的海上贸易，泉州考古所发现的南宋沉船"南海一号"就是最好的例证。明朝（公元14—15世纪），为了抵御海盗的侵扰，统治者下令建造战船和追捕海盗，出现了制造铁锚的技术与大中型船只配备多支桅杆与多种风帆的模式。后来，郑和下西洋中最大的宝船长146.67米、宽50.94米，是当时世

---

[1] ［美］林肯·佩恩：《海洋与文明》，陈建军、罗燚英译，四川人民出版社2019年第2版，第9页。

界上最大的海船。

人类开始通过海洋航行连成一个整体。1492年,哥伦布带领三艘帆船和几十名船员,横渡大西洋,寻找充满黄金、香料和其他奢侈品的中国、日本和印度。在经过33天海上航行后,他们在美洲登陆。1519年,麦哲伦在西班牙王室的支持下,率领5艘帆船和200多名船员从西班牙出发,绕过南美洲南端的海峡,到达太平洋。1521年,麦哲伦船队开始返航,向西穿过印度洋,绕过非洲南端的好望角。1522年,他们回到西班牙,这是人类首次完成绕地球一周的航行。这两件里程碑式的航海事件促进了全球贸易,加强了世界各国的海上联系。

人类在两次工业革命中把开发海洋的方式多样化了。17—19世纪,在交通工具方面,人们将船舶的动力机器由自然风力与人工动力相结合的方式转变成蒸汽动力的驱动方式,从此,蒸汽轮船成为服务于人类的新的交通工具。在海洋通信技术方面,英国在大西洋铺设了一条连接英美两国的海底电缆。在海洋娱乐方面,潜水、游艇活动和极地海洋探险活动在中层资产阶级中流行。在海洋资源运输方面,美国的弗雷德·诺贝尔建造了油轮来运载石油。在海洋军事中,约翰·霍兰将电动机、电池、内燃机三种技术结合起来,设计制造出潜艇——"霍兰号"。在海洋商业中,1869年,苏伊士运河开始通行,欧洲与亚洲之间的贸易更为便利。

现代海洋技术为发掘海洋的经济价值和保护海洋的生态价值提供科技支撑。21世纪,蓝色生产力的水平超越了以往任何时代的水平,它表现为人们收集、分析和处理海洋数据,依靠现代海洋技术来制造高水平海洋科技设备,从而利用、开发和保护海洋。如海洋钻探技术、水下声源定位技术、无人潜水器、卫星遥感观测器等海洋应用技术和成果不断涌现,带领着人们向更深更广的海洋走去,大大提升了人类对海洋的认知和探索能力,给人类带来了前所未有的发展机遇。

新质生产力：如何看？怎么办？

表 7-1 总结了古今中外人类探索海洋情况。

表 7-1　古今中外人类探索海洋情况

时间	国家/地区	开发海洋的表现
青铜时代	波斯湾地区	马根船
公元前 10 世纪至公元前 8 世纪	地中海沿岸	探索海洋航线
公元前 3 世纪至公元前 1 世纪	罗马	1. 海军基地 2. 桨座战舰
公元前 4 世纪	印度洋地区	两只独木舟合二为一的船只
7—10 世纪（唐朝）	中国	铁钉与铁钩的出现
12—13 世纪（南宋）	中国	1. 指南针 2. 隔水舱技术 3. 多样化风帆技术 4. 季风规律的运用 5. 平衡舵的改进 6. "南海一号"
14—15 世纪（明朝初期）	中国	1. 铁锚 2. 多桅多帆 3. 郑和下西洋
15—16 世纪	西班牙	1. 哥伦布发现新大陆 2. 麦哲伦环球航行
17—19 世纪	美国	1. 蒸汽轮船 2. 油轮 3. 潜艇——"霍兰号"
17—19 世纪	英国	海底电缆
17—19 世纪	亚洲与欧洲	苏伊士运河的运行
21 世纪	中国、美国、法国、英国等	1. 海洋钻探技术 2. 水下声源定位技术 3. 无人潜水器 4. 卫星遥感观测器 ……

（2）关心海洋、认识海洋、经略海洋

马克思主义经典作家一直重视海洋的作用。马克思、恩格斯认为在国运上，制海权决定国运兴衰；在商业贸易上，资产阶级开辟海洋新路线扩大了海上贸易，为商品带来了更多的销路；在文明交流上，资产阶级利用海上贸易，奔走于世界各地，各国的文明成果得到传播与弘扬。

新中国成立以来，党的历代领导人高度重视海洋防御和海洋经济的发展。毛泽东主张建立一支强大的海军，打破帝国主义对中国的经济封锁，大力发展沿海的工业。邓小平主张开放沿海地区，建立经济特区。江泽民认为我们要"从战略的高度认识海洋，增强全民族的海洋观念"。① 胡锦涛认为要促进海洋开发和经济发展，世界各国共同构建和谐海洋。习近平总书记强调海洋是高质量发展战略要地，要加快建设海洋强国，构建海洋命运共同体，为子孙后代留下一片碧海蓝天。

部分学者已经关注到海洋技术、海洋资源、海洋生态环境和海洋产业为人类社会带来的经济价值（见表7-2）。一是海洋技术支撑海洋经济论。李玉成（2002）认为海洋经济的门类已遍及人类经济生活的各个领域，它们需要有不同类型的海洋工程技术和装备作为技术支撑。② 孙久文、高宇杰（2021）认为海洋尖端科技的突破有利于新兴产业的形成，为经济发展注入新的活力。③ 二是海洋资源开发促进海洋经济论。游戈亚、李伟、刘伟民等（2010）认为海洋能是清洁的可再生能源，对其进行合理的开发可以优化中国的能源结构，促使中国能源、经济和环境的协调发展。④ 郑苗壮、刘岩、李明杰等（2013）认为海洋生物资源、海洋油气资源、海洋空间资源、海水资源和海洋可再生能源的开发与利用可以培育国家经济发展

---

① 江泽民：《江泽民在视察海军部队时的讲话》，《解放军报》1995年10月19日第1版。
② 李玉成：《海洋工程技术进展与对发展我国海洋经济的思考》，《大连理工大学学报》2002年第1期。
③ 孙久文、高宇杰：《中国海洋经济发展研究》，《区域经济评论》2021年第1期。
④ 游亚戈、李伟、刘伟民等：《海洋能发电技术的发展现状与前景》，《电力系统自动化》2010年第14期。

新质生产力：如何看？怎么办？

新的增长点。[1] 三是保护海洋生态环境促进海洋经济论。陈朝宗、严圣明、杨敏等（2013）认为海峡蓝色经济是把保护海洋生态环境放在首位，才能实现海洋经济与海洋生态环境的良性循环，确保海洋经济可持续发展。[2] 四是海洋经济弥补陆域经济论。贾宇（2018）认为中国是外向型海洋经济格局，高度依赖海上战略通道，中国经济的可持续发展需要"以海撑陆"和"以洋补海"。[3] 五是海洋产业蓬勃发展论。刘堃、韩立民（2011）认为海洋战略性新兴产业具有重大发展潜力和广阔的市场需求。[4] 姚丽娜（2018）认为海洋中生物资源丰富多样，海洋生物产业作为海洋产业中的高新技术产业，显示出广阔的发展前景。[5] 上述学者分别看到了海洋技术、开发海洋资源、海洋生态环境、海洋产业对海洋经济的重要性，意识到了蓝色生产力的存在和作用，但他们没有赋予促进海洋经济发展的动力形态，即蓝色生产力一个清晰的理论认识。

表 7-2 学者们关于对海洋认识的理论

研究角度	主要代表学者
海洋技术支撑海洋经济论	李玉成（2002），孙久文、高宇杰（2021），等等
海洋资源开发促进海洋经济论	游戈亚、李伟、刘伟民等（2010），郑苗壮、刘岩、李明杰等（2013），等等
保护海洋生态环境促进海洋经济论	陈朝宗、严圣明、杨敏等（2013），等等
海洋经济弥补陆域经济论	贾宇（2018），等等
海洋产业蓬勃发展论	刘堃、韩立民（2011），姚丽娜（2018），等等

---

[1] 郑苗壮、刘岩、李明杰等：《我国海洋资源开发利用现状及趋势》，《海洋开发与管理》2013年第12期。
[2] 陈朝宗、严圣明、杨敏等：《福建海洋发展战略研究》，厦门大学出版社2013年版，第83页。
[3] 贾宇：《关于海洋强国战略的思考》，《太平洋学报》2018年第1期。
[4] 刘堃、韩立民：《海洋产业的指标体系及其前景》，《重庆社会科学》2011年第10期。
[5] 姚丽娜：《浙江海洋经济发展核心示范区海洋生物产业发展研究》，浙江大学出版社2018年版，第1页。

（3）海洋产业具备成为国民经济支柱产业的潜力

我国在认识海洋和改变海洋中不断促进经济社会的发展。2013—2022年《中国海洋经济统计公报》数据显示，全国海洋产业生产总值从2013年的54313亿元增长到2022年的94628亿元（见图7-1），海洋产业的增加值和全国渔民人均纯收入也呈现平稳上升趋势（见图7-2、图7-3），这体现出中国海洋经济发展强劲有力，特别是海洋新兴产业与现代海洋服务业有望成为国民经济支柱产业。

图7-1 全国海洋产业生产总值

资料来源：2013—2022年《中国海洋经济统计公报》。

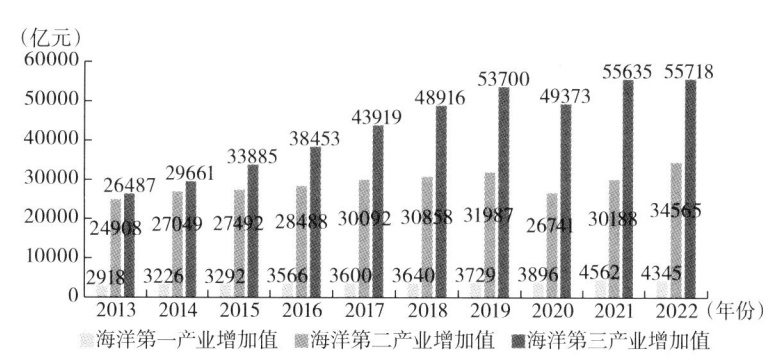

图7-2 2013—2022年全国海洋第一产业、第二产业、第三产业增加值

资料来源：2013—2022年《中国海洋经济统计公报》。

通过人类对海洋的认识、开发历程可以看到，在海洋技术发展的推动下，海洋劳动者充分利用海洋资源和海陆空间，促进了生产力的发展，这

新质生产力：如何看？怎么办？

图 7-3 2013—2022 年全国渔民人均纯收入

资料来源：2013—2022 年《全国渔业经济统计公报》。

就是蓝色生产力。总结其内涵，可以将蓝色生产力概括为高素质海洋劳动者在海洋技术与海洋设备水平大幅提高的情况下对海洋资源和海洋空间进行开发与利用，并实现海陆循环和海陆资源互补、海陆产业关联，从而为人民创造更多的物质产品和精神产品，更好地满足人民美好生活需要的一种生产力。

7.1.2 蓝色生产力的特征

蓝色生产力从发展的对象、效果、途径来看，具有以下三个方面的显著特征（见图 7-4）：

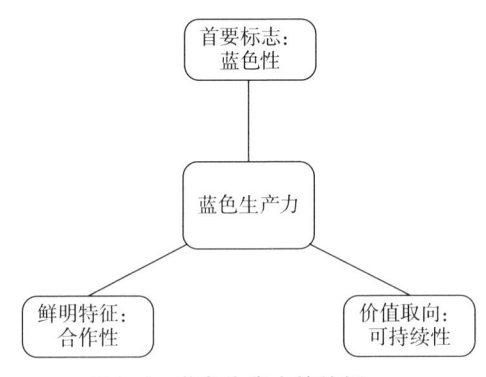

图 7-4 蓝色生产力的特征

第一，蓝色性是蓝色生产力的首要标志。从蓝色生产力的发展对象来看，蓝色生产力具有蓝色性。蓝色生产力的"蓝色"并不单指海洋的颜色，还指生产力与科技力相结合共同作用于深海远洋，体现科技进步与海洋开发的创新结合。"蓝色"在海洋劳动者身上表现为具备专业的海洋知识与技能，拥有保护海洋和发展海洋的蓝色意识。在劳动资料上表现为作用于海洋资源勘探、海洋生态保护和海洋空间开发的先进科学技术。在劳动对象上表现为利用海洋空间和海洋资源，达到海陆经济一体化的目标。因此，与绿色生产力相比，蓝色生产力在发展重点上聚焦于海洋的开发利用与改善保护，以海洋经济高质量发展为主题，在人海和谐的基础上推动海陆资源的优势互补和海陆产业的模式关联。

第二，可持续性是蓝色生产力的价值取向。从发展效果来看，蓝色生产力具有可持续性。在资源可持续性上，蓝色生产力强调在开发利用海洋资源的过程中，必须维护海洋生态环境的平衡，采取科学合理的开发方式，避免环境污染，保护海洋生态系统的稳定性和生物多样性，实现海洋资源可持续利用。在海陆联通可持续性上，蓝色生产力强调陆海统筹，实现海陆一体化发展，这种一体化发展模式可以减少对陆地资源的依赖，提高海洋资源利用率，同时发挥海陆各自的优势，促进海陆经济协调发展。

第三，合作性是蓝色生产力的鲜明特征。从发展途径来看，蓝色生产力具有合作性。蓝色生产力的形成与发展依托着无边无际的海洋，开放的海洋包围着大陆，使得世界各地的沿海城市可以通过海洋相互连接和沟通，从而为全球贸易和文化交流提供了重要通道。这也意味着未来蓝色生产力的发展需要更高水平的对外开放，通过加强国际合作与交流，构建蓝色伙伴关系，完善国际海洋合作交流机制，巩固海洋合作基础，拓宽海洋合作领域，使沿途国家和地区共享蓝色发展成果。

7.1.3 蓝色生产力的作用

蓝色生产力作为新质生产力的表现形式之一，在发展和运行过程中对文化、经济、政治等方面都产生了积极的影响。

（1）加深海洋领域国际合作，增进世界文明交流

世界文明在流动的海洋中传播。在中国历史上，通过海洋增进文明交流的例子不胜枚举，如鉴真东渡日本，带去了佛教、经像法物、唐诗、书法和医术；郑和"在暹罗国教会了当地人民用海水晒盐，在占城国教会了当地人民耕种和稻谷生产"；[1] 等等。把中国的先进文化传播到了西洋各国，同时也将东南亚、东非地区的艺术文化带入中国沿海地区。如今，蓝色生产力以海洋为依托，海洋国际合作能加快海洋旅游业和海洋航运业的发展，为世界各国人民提供观看不同自然景色与体验不同文化风采的机会，促进各国优秀文化传播，促使世界各国人民在欣赏美景和感受特色民族文化中加深对彼此的理解，增进彼此的友谊。

（2）促进海洋经济增长，实现海陆经济一体化发展

蓝色生产力通过自然资源、技术、资金和劳动力四种生产要素的自由流动来影响海陆经济一体化的发展。在自然资源方面，人类最早利用的海洋资源就是渔业资源。随着社会需求的刺激和海洋技术的进步，大量的海洋自然资源被人类利用，并被输送到陆地以满足陆地生产生活的需要，海洋经济由此发展。在技术方面，海洋的开发依赖于陆域科学技术水平的创新，当陆域科技水平提高和应用成果成熟后就会向海洋延伸。最为典型的就是海洋生物药品，通过海洋技术加工海洋资源，生产出高附加值的海洋生物药品，这就是陆域技术应用于海洋资源，融合陆域经济与海洋经济，

---

[1] 李磊：《海洋与中华文明》，花城出版社2014年版，第242页。

使陆地与海洋之间建立起密切的经济联系。在资金方面，陆域经济支撑着海洋经济，资金的流动方向一般是从陆域经济流向海洋经济，但蓝色生产力可以优化海洋产业结构，使得海洋产业的资金也能向陆域产业流动。在劳动力方面，发展蓝色生产力得到了国家政策的大力支持，在培育海洋人才队伍政策的吸引下，劳动力资源也在逐渐向海洋领域扩展，2018年我国涉海就业人数达到3684万人，比2011年增加了262万人。

（3）争取国际海洋话语权，维护我国海洋权益

海洋实力决定海洋话语权。当前，通过发展蓝色生产力可以在海洋经济、海洋规则、海洋文化和海洋科技四个方面提升海洋实力，从而加强中国海洋话语权（见图7-5）。一是蓝色生产力依靠海洋技术的创新而发展，新技术的应用和新成果的转化夯实了海洋经济开发和利用力量，巩固了海洋话语权的物质基础。二是蓝色生产力拥有海洋技术优势，我国可以在某个技术领域和产业领域制定相应的标准，并推动其上升为国际海洋技术标准和产业标准，这样我国在海洋规则上就获得了一定的话语权。三是利用大数据与人工智能，将中华优秀传统文化中的海洋文化故事通过互联网的渠道和数字化的方式向国外传播，提高中华优秀海洋文化在世界文化中的

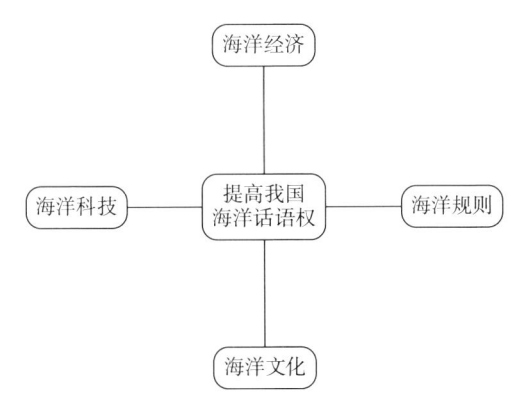

图7-5 提高海洋实力，争取海洋话语权

新质生产力：如何看？怎么办？

影响力。四是蓝色生产力中海洋核心技术与关键共性技术的自主创新能够大幅提升中国海洋科技领域的实力，破除西方发达国家对我国进行的技术封锁，用技术实力来维护我国的海洋权益。

7.2 蓝色生产力如何运行

蓝色生产力的运行依赖于海洋科学技术和海洋设备的进步，通过创新现代海洋技术这一中介，进而提升劳动者、劳动资料和劳动对象这三类输入端要素的水平，达到海洋技术的高端化与海洋产业的现代化这一输出端的目标（见图7-6）。

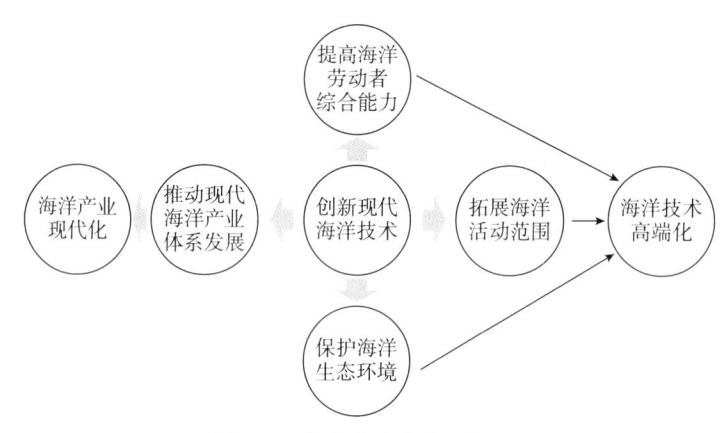

图 7-6 蓝色生产力的运行机理

7.2.1 提高海洋劳动者综合能力

如图 7-7 所示，现代海洋技术与设备协助海洋劳动者获取专业海洋知识。海洋科学家们现在能够利用先进仪器和设备，以前所未有的方式探索海洋新现象，不断更新人类的海洋知识库，这加深了海洋劳动者对海洋生物、深海地形、海洋资源等方面的认知。专业海洋知识为海洋劳动者提供了更全面的视角来了解和认识海洋，使他们能够深入理解海洋的运作方式和自然规律。如在海上运输和能源开发中，海洋劳动者可以依靠专业知识与经验预测海上天气情况，从容评估和应对各种可能的自然风险，以制订更有效的深海远洋计划。

现代海洋技术与设备提升了海洋劳动者的专业技能。一方面，海洋设备与海洋技术是人类肢体与感官的延伸，帮助海洋劳动者在海底完成科学研究、资源勘探、数据收集与样本采集等任务。如深海载人潜水器不仅可以在深海水压巨大、光线不足的情况下确保潜航人员生命安全，还可以协助海洋科研人员携带各种科学仪器、采样设备和相机，以便观察、记录深海生物和采集海底环境数据。另一方面，传统的海洋设备和技术系统进行智能化改造就要求海洋劳动者有足够高的能力与水平来操作和控制，这样的新形势将会倒逼传统的海洋劳动者加强对海洋技术与设备的学习和研究。

现代海洋技术与设备促进了海洋劳动者携手互济的能力。面对复杂多变的海洋环境和突如其来的自然挑战，任何一项海洋技术的应用和海洋任务的完成都需要其他技术和人员的配合。如完成保护与改善海洋生态环境

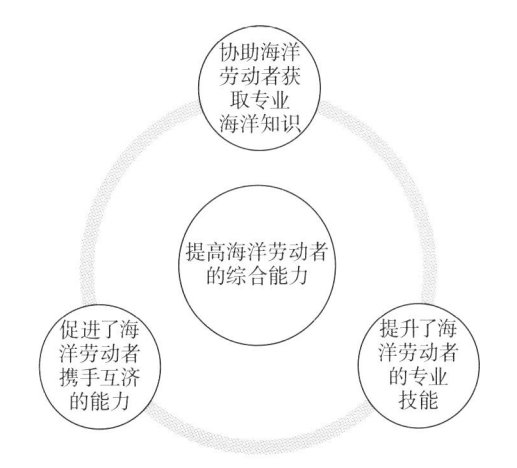

图 7-7 提高海洋劳动者的综合能力

的任务，既需要海洋生物学、海洋环境科学等学科的理论支撑，也需要海洋资源勘探技术的改进，以确保合理科学地利用海洋资源，达到海洋可持续发展的目标，这样的情况会令海洋劳动者认识到合作的强大力量，促使他们提高团队协作水平。

7.2.2 拓展海洋活动范围

为了缓解陆地资源的紧缺，需要开拓新的发展空间，习近平总书记指出："深海蕴藏着地球上远未认知和开发的宝藏，但要得到这些宝藏，就必须在深海进入、深海探测、深海开发方面掌握关键技术。"[①]

深海进入技术与设备开通了人类认识深海的渠道。谈到深海进入设备，就不能不谈深海载人潜水器。深海载人潜水器是一种能运载科学家、工程技术人员同时搭载各种专用设备，快速、精确、持续往返到达多种深海底部进行高效探测、取样和作业的深潜装备。[②] 自动导航与定位系统、高清摄像头和机械手等装备使潜水器能在深海环境中完成独立性任务，海洋科学家能直接观察和记录深海的水文情况、生物种类、地质结构和环境条件，获取深海的宝贵数据与信息。这些数据和信息揭开了深海的神秘面纱，也为后续研究深海资源的开发利用、深海环境的保护和改善等问题提供了理论支撑。

深海探测技术与设备拓展了人类认识深海的方法。深海潜水器由于其设计和制造不仅需要考虑深海极端的环境因素，还要考虑深海潜水器能够搭载各种探测设备、采样装置等，因此必须具备足够的强度和稳定性来应对环境因素以及给装载设备充分的保护和支撑，从而整个潜水器的体积和

---

① 习近平：《为建设世界科技强国而奋斗——在全国科技创新大会、两院院士大会、中国科协第九次全国代表大会上的讲话》，2016年5月31日，http://www.xinhuanet.com/politics/2016-05/31/c_1118965169.htm。
② 徐芑南、胡震、叶聪等：《载人深潜技术与应用的现状和展望》，《前瞻科技》2022年第2期。

重量都比较大，在下潜和采样时存在一定的困难。在这样的装备情况下，海洋科研人员经过大量的研究与实验后，发现可以利用声、光、热的便捷性和轻盈性来了解与探索深海。如声波成像，可以生成海底声波图像，从而了解海底地形、沉积物分布和储量等情况；又如声波生物探测，可以通过接收和分析声波信号了解深海生物的存在状况、种类、数量和分布情况；再比如拉曼光谱探针，"它的工作原理，是在深海中将一束激光打出去，根据光的返回信号就可以获得被测物质的化学成分、生理状态"①，是探测矿产资源的一把利器。

深海开发技术与装备的进步是深海成为人类获取生产与生活资料来源的关键。人类向深海索要的资源以金属矿产资源和生物资源为主。在资源需求的刺激和海洋科研人员的努力下，我国先进的矿产开采技术与装备、海洋钻探技术等应运而生。在矿产资源发掘方面，海洋劳动者设计合理的采矿方案——"海底集矿车—提升泵—提升硬管—水面支持系统"②，提高深海矿产资源开发的效能和安全性。在生物资源开发和利用方面，大型拖

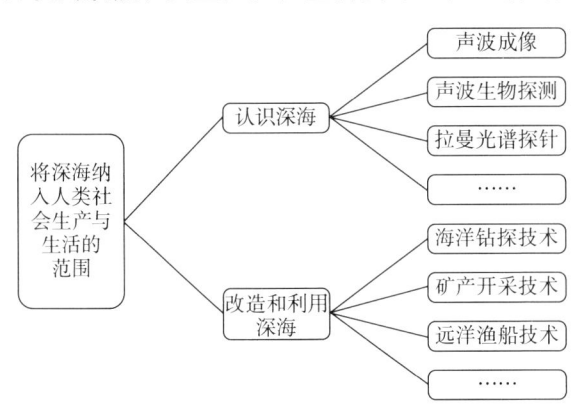

图 7-8　拓展海洋活动范围的技术

---

① 李勋祥：《锻造深海探测重器，"海洋之眼"看得更深更透》，《青岛日报》2022 年 12 月 14 日。
② 邹丽、孙佳昭、孙哲等：《我国深海矿产资源开发核心技术研究现状与展望》，《哈尔滨工程大学学报》2023 年第 5 期。

新质生产力：如何看？怎么办？

网远洋渔船技术的创新不仅使其能够在短时间内捕获大量的鱼类，而且拖网渔船的机动灵活性强，可以对水域表层、中层、底层对象实施有效捕捞，以适应不同的海洋环境和捕捞需求。图 7-8 总结了拓展海洋活动范围的一些技术。

7.2.3 保护海洋生态环境

保护海洋生态环境可通过海洋环境观测技术和海洋环境保护技术等途径来实现，如图 7-9 所示。

海洋环境观测技术能有效预防和减轻海洋污染。在海洋环境观测上，海洋遥感技术运用得较为广泛。海洋遥感技术不受天气、地理位置和时间的限制，利用了红外线、可见光、微波等不同波段的电磁波，通过测量海面反射和发射的电磁波信号来反演得到海面的各种参数，从而对海洋环境状况进行监测和分析。具体来说，通过测量海面的红外辐射，可以推算出海面的温度；通过分析卫星图像的颜色和纹理等信息，可以判断出海洋中的污染源、污染范围和污染浓度，有效减少和控制污染事故的发生，在一定程度上保护海洋生物资源和能源资源的安全。

海洋环境保护技术从源头上保护海洋生态环境和生物多样性。在陆地上，工厂工业生产在经济可承受范围内大规模采用清洁生产技术和设备，

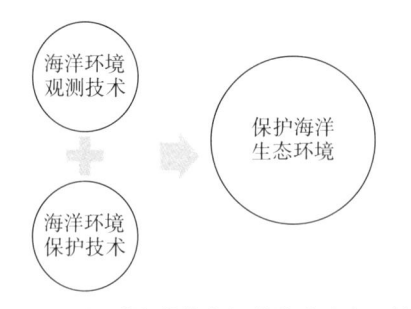

图 7-9 通过海洋技术保护海洋生态环境

避免污染物向海洋排放，降低对海洋环境的污染程度。在海洋上，推广先进的氢燃料电池技术和新型动力船舶，可实现海洋船舶的零碳排放。此外，还能够利用海洋环境保护技术规划出合理的资源开发区与生物保护区，为海洋劳动者和海洋生物营造一个共同生存与发展的友好环境。如浙江省东部的舟山群岛已经开始创新性地利用海洋"数字围栏"系统，向靠近三个海洋特别保护区的船只发出警报。[①]

7.2.4　推动现代海洋产业体系发展

研发和应用海洋创新科技与成果能够加快传统海洋产业的升级改造，为海洋新兴产业提供成长动力，为现代海洋服务业提供成长基础，进而推动现代海洋产业体系的发展，如图7-10所示。

研发和应用海洋创新科技与成果能够加快传统海洋产业的升级改造。以海洋渔业为例，作为海洋鱼类出口大国，日本在金枪鱼围网装备、秋刀鱼舷提网捕捞技术、多用途渔船作业等远洋捕捞技术方面处于世界领先地位，使其在鱼类的捕捞量上常年处于世界前列，为其带来了可观的经济收益。以海洋交通运输业为例，荷兰鹿特丹的临港产业利用电子商务网络系统实现了对港口的全方位实时管理，货运信息卡记录了所有货运信息，极大地提高了通关效率。[②]

研发和应用海洋创新科技与成果能够为海洋新兴产业提供成长动力。海洋科学技术的进步可以更好地利用新型海洋工程装备探测和研究开发海洋中蕴藏着的丰富资源，提高海洋可再生资源的利用效率，瞄准生物制药、海水淡化、海洋电力等新兴产业领域。以海洋生物制药产业为例，在

[①] 尤晓莺：《保护海洋，中国在使用哪些新科技？》，2023年8月17日，https://www.thepaper.cn/newsDetail_forward_24256785。

[②] 逯新红：《国际典型海洋经济集聚区发展经验》，《中国投资（中英文）》2020年第Z0期。

新质生产力：如何看？怎么办？

国家政策和市场需求的双重刺激下，我国海洋天然产物分离提取、海藻的高值化利用、智能超算海洋药物筛选等技术不断更新，海洋生物药品不断推出，2022年海洋药物和生物制品业全年实现增加值746亿元，比上年增长7.1%[1]，是发展劲头较大的海洋战略性新兴产业。

研发和应用海洋创新科技与成果为现代海洋服务业提供成长基础。随着人类对海洋利用和开发的不断增加，海洋环境遭受污染和生态破坏的问题也日益严重，现代海洋科技系统通过监测、评估、治理等手段，保护海洋生态环境，提升海洋的生态价值。以滨海旅游业为例，海洋的生态环境质量直接影响着游客的数量，滨海旅游业是澳大利亚国民经济中的重要产业，为了保护海洋生态环境以维持其旅游业的市场规模，澳大利亚政府建立了海洋综合观测系统，开发了海洋生态系统模型。

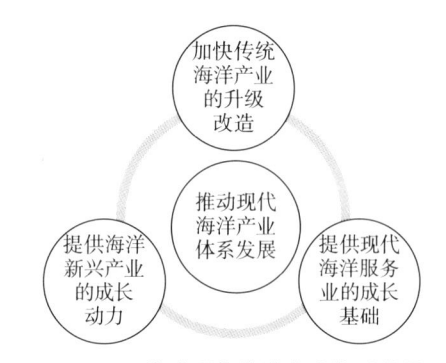

图7-10 推动现代海洋产业体系发展

【专栏7-1】[2] 英国海洋产业的基本情况

自18世纪以来，英国的造船业与海运业一直处于世界领先水平。20世纪中期以后，北海油气田的开发促进了其电子信息、机械制造、造船等

---

[1] 自然资源部：《2022年中国海洋经济统计公报》，2023年4月13日，http://gi.mnr.gov.cn/202304/t20230413_2781419.html。

[2] 邬满、文莉莉：《国内外海洋经济发展经验与趋势分析》，《中国国土资源经济》2021年第10期。

行业的发展，海洋油气开发成为英国最大的海洋产业。另外，海洋设备制造、滨海旅游、海洋材料等行业的崛起，不仅促进了英国整个海洋经济的全面发展，还提供了数百万个涉海就业岗位。

7.3 典型案例剖析

> **案例一**
>
> ### 现代海洋技术的提升——
> ### "奋斗者"号万米级载人潜水器[①]
>
> "奋斗者"号是中国自主研发的万米级载人潜水器，是"十三五"国家重点研发计划"深海关键技术与装备"重点专项的核心研制任务，这一任务由中国船舶集团有限公司第七〇二研究所牵头总体设计和集成建造。
>
> "奋斗者"号是海洋科研人员智慧的技术结晶。中国科学院深海科学与工程研究所是本次"奋斗者"号海试任务的牵头完成单位，是此次万米海试任务的"大管家"。中国科学院金属研究所钛合金团队采用自主研发的 Ti62A 钛合金新材料作为"奋斗者"号的舱球壳。中国科学院沈阳自动化研究所自主研制的智能化控制系统、电动观测云台以及主从伺服液压机械手等全海深技术装备，有力支撑了"奋斗者"号实现高精度航行控制、全景科学观测、高精准作业取样等功能。中国科学院声学研究所完成了"奋斗者"号声学系统中全海深水声通信机、地形地貌探测声呐、多波束前视声呐、多普勒测速仪、避

[①] 齐芳：《"奋斗者"号上的最强中国智慧》，2020年11月28日，https://politics.gmw.cn/2020-11/28/content_34411061.htm。

新质生产力：如何看？怎么办？

碰声呐的自主研发以及定位声呐和惯性导航设备的系统集成。

在这些单位的共同努力下，2020年11月10日8时12分，"奋斗者"号创造了10909米的中国载人深潜新纪录，标志着我国在大深度载人深潜领域达到世界领先水平。"奋斗者"号的成功下潜展示了我国在海洋高技术领域的实力和成果，为海洋科学研究提供了更准确、更深入的数据和信息，推动了海洋科学的发展，这些成就都离不开具备创新能力与思维的海洋劳动者所进行的各项海洋科技创新工作，离不开他们精益求精的科研精神。

案例二

传统海洋产业转型——南海油气勘探开发[①]

随着陆地油气资源的逐渐枯竭，海洋成为油气资源开发的重要领域。海洋油气资源的开发能够为国家的能源供应提供可靠的保障，减少对外部能源进口的依赖，提高国家的能源自给能力，对于维护国家的能源安全具有重要的作用。

中国海油人的创新之举。"深海一号"是由我国自主研发建造的全球首座十万吨级深水半潜式生产储油平台。尽管超深水区蕴藏着丰富的油气资源，但深水开发对技术、装备能力、关键设计指标的要求都极高。"深海一号"超深水大气田在2014年被勘探发现时，多数人的反应是对外合作，共同开采。但彼时国际油价正断崖式下跌，国际石油公司纷纷打起退堂鼓。再加上其他客观原因，"深海一号"能源站最终走上自主创新之路。中国海油人选择了一条连外方深水同行都

---

① 付琳：《"深海一号"：带领油气勘探开发走向超深水》，2022年3月4日，http://www.news.cn/science/2022-03/04/c_1310497902.htm。

没想过的路——借鉴"保温瓶内胆"原理,他们在平台的4根浮体立柱内分别设置5000立方米的凝析油舱,并为油舱装上量身定做的"护体铠甲",既能解决凝析油储存问题,又避免了油舱遭碰撞泄漏的风险。这项被称为"凝析油U型隔离与安全储存技术"的创新之举,开创了半潜式平台立柱储油的世界先例。

"深海一号"能源站投产后,所产天然气将通过海底管道接入全国天然气管网,每年向粤港琼等地稳定供气30亿立方米。正是中国海洋石油人坚持以创新驱动战略为指导,不断探索新的钻探技术和方法,在深海油气田开发领域的技术研发方面投入了大量资源和精力,才有了我国海洋油气业的增产提效。

案例三

海洋新兴产业崛起——珠海金湾海上风电场项目[①]

金湾海上风电场位于珠海市金湾区高栏岛与万山群岛间的南海之滨,总装机容量为300兆瓦,共安装55台单机容量为5.5兆瓦国产抗台风型海上风力发电机组,配套建设陆上集控中心和海上升压站。

与同类型风电场相比,该项目尤其注重风电场的高效智能运行。项目用大数据赋能海上风电建设,充分依托广东省海上风电大数据中心,搭建了一体化智能监控和管理信息平台,可实现全过程和海陆多终端在线监控和管理。项目建成后,每年可提供清洁电能近8亿千瓦时,满足30万户家庭一年的用电量,与同等规模燃煤电厂相比,每年可节省标准煤消耗约24万吨,减少二氧化碳排放约46万吨,对推动

---

① 中国能建广东院:《新闻联播:粤港澳大湾区首个大容量海上风电项目投产》,2021年4月2日,https://www.thepaper.cn/newsDetail_forward_12036208。

新质生产力：如何看？怎么办？

粤港澳大湾区能源结构转型升级，加快实现"碳达峰、碳中和"目标具有重要意义。

首先，金海湾风电场的大数据通过分析气象数据、海洋数据等，精准评估风电场使用的设备、风电场的选址以及风电场的能源质量，为风电场的建设提供科学依据；其次，大数据通过监测和分析设备的运行数据，可以预测设备的维护需求，提前采取措施避免故障，提高设备稳定性；最后，工作人员用大数据分析历史数据和实时数据，可以优化风电场的设计方案，提高风电场的发电效率和经济效益，推动海上风电能源可持续发展。

案例四

现代海洋服务业发展——温州洞头蓝色海湾整治行动[①]

2016年，浙江温州洞头成为蓝色海湾整治试点单位之一，通过修护和改善海洋生态系统，将优美自然风景作为滨海旅游的载体，将当地的独特民俗文化融入旅游业，推出特色滨海民宿和特色海边运动吸引全国各地的游客。

在蓝湾整治行动中，洞头尊重自然、顺应自然，修复受损退化的海洋生态系统，实施了"破堤通海"，为瓯江流域的鲈鱼、凤尾鱼"让路"，恢复鱼类的繁衍栖息地。洞头深刻感受到，碧海蓝天也是金山银山，蓝湾整治让海岛人民奔向共同富裕。一个民宿就是一个旅游目的地，形成13个民宿村集群，共有民宿447家、床位4777张，民宿村户均年收入超15万元；一个沙滩带火一方经济，帆船帆板、邮轮

[①] 自然资源部：《温州洞头蓝色海湾整治行动》，2021年11月8日，https://www.sohu.com/a/499774712_121196217。

游艇、休闲海钓等海上运动业态不断涌现。现在，每年有千名大学生回乡创业，常住人口比十年前增长了22%，老百姓工资性、财产性、经营性收入大幅增长，城乡收入比缩小至1.62∶1，均衡度排在浙江前列。

洞头滨海旅游业之所以蓬勃发展，一是通过宣传当地的风土人情和文化特色，如岛上的古老建筑和妈祖文化，为广大游客提供独特的海洋文化娱乐项目和海洋旅游体验；二是依赖于改善海洋生态环境，清澈的海水、多样的海洋生物吸引着游客前来观光，潜水、浮潜、海钓等丰富的海洋活动可以让游客近距离地接触和了解海洋生物和生态环境，从而增强他们的旅游体验感，为洞头带来更多的旅游收益。

第8章　开放生产力

"资产阶级，由于开拓了世界市场，使一切国家的生产和消费都成为世界性的了。"①

——马克思、恩格斯：《共产党宣言》（1848年2月）

"为了发展生产力，必须对我国的经济体制进行改革，实行对外开放的政策。我们吸收资本主义国家的资金、技术，为的是发展社会主义的生产力。"②

——邓小平：《改革是中国发展生产力的必由之路》（1985年8月28日）

"要扩大高水平对外开放，为发展新质生产力营造良好国际环境。"③

——习近平：《习近平在中共中央政治局第十一次集体学习时强调　加快发展新质生产力　扎实推进高质量发展》（2024年2月2日）

8.1　什么是开放生产力

开放生产力萌芽于人类社会交往与分工的出现，之后随着"新航路"的开辟、世界市场的开拓，以及人类三次工业革命的出现，开始逐步形成，经过21世纪以来时代主题转换与经济全球化的到来，实际上才真正形

---

① 《马克思恩格斯选集》（第1卷），人民出版社2012年版，第404页。
② 邓小平：《建设有中国特色的社会主义（增订本）》，人民出版社1987年版，第116页。
③ 《习近平在中共中央政治局第十一次集体学习时强调　加快发展新质生产力　扎实推进高质量发展》，《人民日报》2024年2月2日第1版。

成。当今人类社会越来越重视通过推进国际国内、海陆畅通循环，实现市场、资源、技术等互补，经济要素流动等带来的开放生产力。

8.1.1 认识开放生产力

（1）开放生产力是人类社会生产力发展与交往普遍化的历史产物

在早期自然经济时期，由于人类社会生产力水平较低，不论是东方的男耕女织还是西方的田园经济都始终把人类世代维系在狭小的空间范围内，各民族、地区和国家只能按照自己独有的方式缓慢分散地发展，人们之间的交往只是一种偶然、个别和有限的行为。在简单协作时期与工场手工业时期，随着生产力的发展与社会分工的细化，交换行为越发频繁，商品经济开始出现。在此期间，"新航路"的开辟间接推动了各地区的交往与联系。之后，随着两次工业革命的出现，社会生产力的大幅跃升以及由此引起的分工和交往的发展，促进了世界市场的基本形成。尽管第二次世界大战后，这一市场划分为两大平行世界市场，但由于第三次工业革命的推动，两大市场仍存在一定程度的合作，客观上加强了世界各国的经济联系与相互交往。"冷战"结束后，随着时代主题向和平与发展转变，世界各国普遍致力于发展生产力与扩大对外交往，由此人类真正进入经济全球化时期。正是在这一阶段，"我国紧紧抓住了国际产业和技术转移的机遇，实施开放战略，利用国内国际两个市场和两种资源，吸收了资金、技术和管理经验，开拓了国际市场，提高了资源配置效率"[①]，从而大踏步紧跟时代步伐，融入了世界经济发展体系，并不断做出积极贡献。由此可见，开放生产力具有深厚的历史逻辑，始终伴随着人类社会生产力的发展与相互交往的扩大。

---

① 任保平：《改革开放40年来我国生产力理论的演进轨迹与创新》，《政治经济学评论》2018年第6期。

新质生产力：如何看？怎么办？

（2）开放生产力是开放所引起的生产力结构优化与生产关系调整的理论凝练

从马克思主义经典作家的相关论述看，他们普遍承认开放具有推动生产力发展的重要作用。马克思恩格斯在《共产党宣言》中指出："资产阶级，由于开拓了世界市场，使一切国家的生产和消费都成为世界性的了……旧的、靠本国产品来满足的需要，被新的、要靠极其遥远的国家和地带的产品来满足的需要所代替了。"① 这就强调了对外开放能够推动生产力要素在全球范围内流动，从而满足不同国家、不同地区人民的生产生活需要。列宁也指出："在革命没有到来以前，资产阶级的资本对我们是有利的。当我们国家在经济上还极其薄弱的时候，怎样才能加速经济的发展呢？那就是要利用资产阶级的资本。"②

从学界研究成果来看，以亚当·斯密、魁奈、李嘉图等为代表的古典经济学派"探讨经济问题，一开始就以世界市场的存在为前提条件"③，高度肯定了自由贸易的价值。李嘉图指出："最能保障整体利益的莫过于把资本作最有利的分配，也就是实行普遍的自由贸易。"④ 从国内来看，从20世纪80年代起学界就开始探讨开放与生产力的关系，以李维榕、刘贵访等为代表的学者认为"开放促进社会生产力发展"⑤。颜永盛、贺同新首次明确提出"对外开放……是一种特殊形式的生产力"⑥。这些观点基本得到学界认可，并达成基本共识。但针对开放促进生产力原因的解释方面，大多

---

① 《马克思恩格斯文集》（第2卷），人民出版社2009年版，第35页。
② 《列宁全集》（第40卷），人民出版社2017年版，第42页。
③ 王慎之、黄祖祥：《对外开放的生产力乘数效应》，《学习与探索》1992年第2期。
④ 李嘉图：《政治经济学及赋税原理》，商务印书馆1976年版，第294页。
⑤ 李维榕：《对外经济开放与社会生产力发展》，《经济问题探索》1986年第7期；刘贵访：《开放与发展生产力》，《桂海论丛》1987年第5期。
⑥ 颜永盛、贺同新：《对外开放是一种特殊形式的生产力》，《学习导报》1995年第Z1期。

数学者[1]认为是开放优化了生产力结构,推动了各生产要素的迭代更新;也有学者强调开放促进了生产关系的调整,进而解放和发展了生产力[2];还有学者综合以上两者,认为开放不仅使生产力结构产生了变化,同时也加速了旧的生产关系的瓦解。[3] 总的来看,开放既直接优化了生产力结构,同时也通过调整生产关系解放了生产力。表8-1汇总了国内学界关于开放生产力的研究观点。

表8-1 国内学界关于开放生产力的研究观点

观点	主要代表学者
开放促进社会生产力发展	李维榕(1986),刘贵访(1987),潘正才(1992),王恒恒(1999),肖前、张继清(2000),高尚全(2007),等等
开放是一种特殊形式的生产力	颜永盛、贺同新(1995),等等
开放促进生产力的原因解释	黄铁平(1988),王元龙(1992),王启云、曾光(2007),李鸿烈(1992),郑炎潮(1991),等等

(3)开放生产力是新时代促进经济高质量发展的"跃动力"与建设开放型世界经济的"活性剂"

为了适应新形势新要求,实现更高水平的对外开放,开放生产力作为新质生产力重要的组成部分,是以综合利用国内国际两个市场两种资源为主要方式,以促进资本、技术、管理、人才、劳务、产品、数据等生产要素的重组、拓展、补充与升级为主要目标,以大幅提升生产效率和经济效益与推动构建开放型世界经济为旨归,以确保开放安全为底线红线的生产力。它的"新"在于较之以往的开放,更加强调自主开放、全面开放与制

---

[1] 黄铁平:《生产力理论:对外开放的一个重要依据》,《福建师范大学学报(哲学社会科学版)》1988年第4期;王元龙:《学习邓小平同志关于改革开放、解放和发展生产力的理论》,《中国人民大学学报》1992年第6期;王启云、曾光:《开放条件下当代中国的生产力特点及其理论创新》,《生产力研究》2007年第9期;等等。
[2] 李鸿烈:《扩大开放与发展生产力》,《福建论坛(经济社会版)》1992年第6期。
[3] 郑炎潮:《中国:90年代的抉择——用全方位的对外开放带动生产力的发展》,《经济问题》1991年第1期。

新质生产力：如何看？怎么办？

度性开放①，"质"在于极大提高生产要素的先进性与系统性，使生产力产生质变。对于中国而言，开放生产力是促进经济高质量发展的跃动力，有助于从全球范围内配置各种资源要素，突破限制生产力实现新质化发展的现实桎梏，从而实现最优配置和最高经济效率。对于世界而言，开放生产力是建设开放型世界经济的"活性剂"，有助于从整体上激活全球产业链、供应链、价值链，推动全球生产力的合理布局与优化重组，助力推动经济全球化向前发展。

8.1.2 开放生产力的特征

开放生产力是人类在长期生产生活中形成的客观产物，其具有的开放性、系统性和联动性是区别于其他形式的生产力的显著特征（见图8-1）。

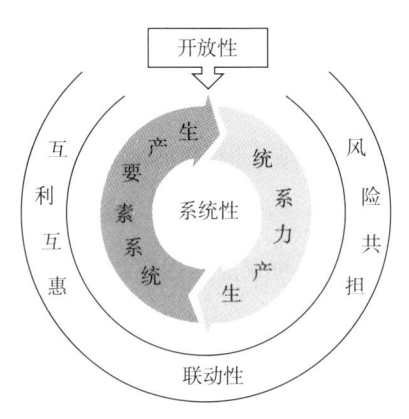

图 8-1 开放生产力特征示意图

（1）开放性

开放性是开放生产力的首要属性。开放生产力首先强调的是发展生产力要突破既有地理空间与现有市场，实现在更大范围内进行资源配置，进而推动生产力的进步。首先，自然资源分布不均衡。现实中，往往是某些

---

① 赵海娟：《中国新一轮开放的三大本质特征》，《中国经济时报》2019年9月9日第3版。

国家或地区拥有一定的自然资源,而某些国家或地区匮乏,这就为两者的开放合作提供了客观前提。其次,生产工具发展水平不一致。18世纪60年代发生在英国的第一次工业革命,不仅使资本主义国家得到极大发展,更"使未开化和半开化的国家从属于文明的国家,使农民的民族从属于资产阶级的民族,使东方从属于西方"。[①] 发生在19世纪六七十年代德国、美国的第二次工业革命,不仅使资本主义进入垄断时代,进而掀起瓜分世界的狂潮,更引致其他民族向资产阶级民族的进一步开放、东方向西方的进一步开放。由此可见,掌握先进生产工具的民族或国家凭借生产力优势始终能够迫使或推动落后民族或地区的对外开放。最后,从生产者的角度看,先进生产工具的设计、制作、使用、维修等必定离不开高素质的技术技能人才,而高素质人才又主要取决于一个国家或地区的教育发展水平。从现实来看,不同国家或地区的教育水平是参差不齐的,这就决定了高素质生产者必然是落后国家或地区需要从外引进的重要资源。

(2) 系统性

系统性是开放生产力的核心特征。首先,从开放生产力的内在结构来看,开放生产力突破了某些客观因素如地理环境、历史风俗、传统文化和生产方式所造成的差异,实现了生产力要素形成范围的全球化,即不同国家或地区可以根据发展生产力的现实需要在全球范围内调配相应生产力要素,进而弥补部分资源禀赋不足的劣势,提高自身产品的竞争优势。由此,在开放生产力中,生产力要素组合更为科学系统。尤其随着人才、技术、信息、管理、金融等渗透性要素在提高生产力方面起到的作用越来越大,开放生产力可以淘汰或升级部分落后生产要素,提高以上渗透性要素在生产力结构中的比重,进而实现结构优化。以我国改革开放为例,正是

[①] 《马克思恩格斯选集》(第1卷),人民出版社2012年版,第405页。

新质生产力：如何看？怎么办？

通过大力引进外资和吸收国外先进的管理经验、技术等，40多年来我国不断补齐生产力短板，逐步建成门类齐全、独立完整的现代工业体系，成为名副其实的世界第一制造大国。其次，从开放生产力的形成过程来看，"各国相互协作、优势互补是生产力发展的客观要求，也代表着生产关系演变的前进方向。在这一进程中，各国逐渐形成利益共同体、责任共同体、命运共同体"。[①] 由此，开放生产力不仅优化了生产力的内在结构，同时让不同国家、不同地区、不同民族等的生产力发展相互关联，最终形成了一个由诸多子系统构成的生产力系统。

（3）联动性

联动性是开放生产力的必然结果。开放生产力的系统性必然决定了生产力发展结果的联动性。一方面，开放生产力可以实现互利互惠。开放本身就是双向的，可持续的开放更是要建立在利益的基础上。以"一带一路"倡议为例，作为中国新一轮高水平对外开放的显著标志，"一带一路"倡议既助推了中国的经济发展，同时也为共建国家完善基础设施、增强减贫能力、提高民生福祉、激活发展动力等做出积极贡献。以减贫为例，麦肯锡公司的研究报告显示，中国企业在非洲雇员本地化率达89%，有效带动了本地人口就业。世界银行预测，到2030年，共建"'一带一路'相关投资有望使共建国家760万人摆脱极端贫困、3200万人摆脱中度贫困"。[②] 另一方面，开放生产力也意味着风险共担。开放是一把"双刃剑"，既意味着生产力发展的机遇，同时也暗含着潜在的风险。人类历史上的一次又一次的经济危机实际上反映的就是开放生产力的负面结果。1987年的"黑色星期一"不仅创下美股单日跌幅最大纪录，同时短时间内蔓延至全世界，引发了全球股市动荡。1997年的亚洲金融危机虽然源自泰国，但后来逐步波及

[①] 习近平：《登高望远，牢牢把握世界经济正确方向》，《人民日报》2018年12月1日第2版。
[②] 《共建"一带一路"：构建人类命运共同体的重大实践》，《人民日报》2023年10月11日第10版。

亚洲其他国家，造成大量银行、企业破产。同时，在开放生产力条件下，由于先发国家与后发国家实力悬殊，后发国家或地区往往在发展开放生产力的过程中极易陷入模式陷阱、速度陷阱、利益陷阱、制度陷阱①等，从而影响自身经济的发展。因此，不同国家或地区发展生产力时要秉持底线思维，尤其是发展中国家要时刻绷紧"危机"之弦，提高开放生产力的安全性。

图 8-2 为 2012—2022 年中国国内生产总值，图 8-3 为 2013—2021 年中国和 G7 主要经济体对世界经济增长平均贡献率。

图 8-2 2012—2022 年中国国内生产总值

资料来源：国家统计局。

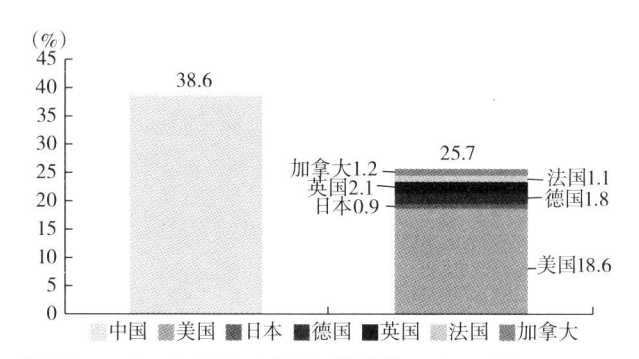

图 8-3 中国和 G7 主要经济体对世界经济增长平均贡献率（2013—2021 年）②

---

① 肖前、张继清：《全球化背景下的开放与生产力发展》，《新视野》2000 年第 6 期。
② 《世行报告：中国经济十年对世界经济增长贡献率超 G7 总和》，新华社，2022 年 10 月 26 日，https://baijiahao.baidu.com/s?id=1747717010158938321&wfr=spider&for=pc。

8.1.3 开放生产力的作用

党的十九大报告明确提出,新时代中国要推动形成全面开放新格局,建设开放型世界经济。开放生产力不论是对生产要素的国际流动、产业结构的变革升级,还是对经济全球化、区域经济一体化发展都发挥着重要作用。

(1) 有利于提高生产效率与经济效益

"生产力的发展,通常表现为生产力构成要素在质上的进步和量上的扩张,最终表现为生产过程中生产效率与经济效益的提高。因此,衡量某一因素、某一过程是否构成生产力,不仅要看其是否具有要素性生产力和过程性生产力的意义,而且要看它能否形成现实的生产效率和经济效益。"[1] 作为一种新型的生产力,开放生产力对于提高生产效率与经济效益的作用主要体现在三个方面:其一,对外贸易。对外贸易的发展既为本国产品提供了更大的销售市场,从而扩大了销售收入,同时也有利于促进企业改进生产工具,实现规模化生产,从而降低生产成本。其二,引进外资。不论是美国经济学家钱纳里和斯特劳特提出的"两缺口模型"所认为的那样,引进外资可以刺激出口,提高国内储蓄率,从而促进经济增长,还是中国学者刘建丽通过对中国引进外资70年的长时段观察,得出"外资通过补缺与启动效应、增长拉动效应、竞争效应、技术溢出效应等机制对中国经济发展产生积极影响"[2]的结论,实际上都在一定程度上体现了引进外资对经济发展的积极影响。其三,技术引进。这也就是所谓的"后来者优势",即"发展中国家可以以较低的成本和较小的风险,实现技术

---

[1] 颜永盛、贺同新:《对外开放是一种特殊形式的生产力》,《学习导报》1995年第Z1期。
[2] 刘建丽:《新中国利用外资70年:历程、效应与主要经验》,《管理世界》2019年第11期。

进步和产业升级，取得比发达国家更快的经济增长"。[1]

(2) 有利于驱动产业结构创新、变革与升级

产业是经济之本。改革开放以来，我国三次产业结构在调整中不断优化，总体趋势为由"二一三"到"二三一"，再向"三二一"演变发展。[2] 我国经济发展进入新时代，要实现经济高质量发展，进一步创新、变革与升级产业结构是应有之义。开放生产力则是其不可或缺的驱动力。首先，构建现代化产业体系，必须通过开放生产力变革提升固有生产要素的质与量，拓展形成种类丰富的新型生产要素。如今我们已经步入信息社会，数据要素逐渐融入世界经济血脉。只有让数据要素市场化、国际化，各国的数字产业才能"跑起来"。其次，开放生产力在诱发人们新型需求中"倒逼"产业的转型升级。我国社会的主要矛盾已经发生改变，人民日益增长的物质文化需要已经变为人民日益增长的美好生活需要。这表明，人们的需求结构与层次朝着发展型和享受型方向发展[3]。开放生产力可以通过"引进"满足人们需求的产品，进而也刺激国内相关产业的进步与升级，释放国内产业竞争潜力。最后，开放生产力汇聚了世界的创新合力，助力生产要素的迭代升级。习近平总书记指出，"要以重大科技创新为引领，加快科技创新成果向现实生产力转化，加快构建产业新体系"[4]。科技创新向新兴产业和未来产业的转化是产业结构转型升级的关键，"抓住了科技创新，也就抓住了新质生产力发展的'新引擎'、产业创新和经济发展的'牛鼻子'[5]"。开放生产力不仅为科技创新畅通流动通道，也为经济高质

---

[1] 蔡昉、林毅夫等：《改革开放 40 年与中国经济发展》，《经济学动态》2018 年第 8 期。
[2] 尹伟华：《"十四五"时期我国产业结构变动特征及趋势展望》，《中国物价》2021 年第 9 期。
[3] 高帆：《"新质生产力"的提出逻辑、多维内涵及时代意义》，《政治经济学评论》2023 年第 6 期。
[4] 《习近平著作选读》(第 1 卷)，人民出版社 2023 年版，第 428 页。
[5] 张林、蒲清平：《新质生产力的内涵特征、理论创新与价值意蕴》，《重庆大学学报(社会科学版)》2023 年第 6 期。

量发展提供跃动力。

（3）有利于促进经济全球化和区域经济一体化发展

经济全球化和区域经济一体化发展是历史大势，其实质是世界各国的生产要素通过跨越国界和区域的经济活动而相互依赖程度不断加深的过程。开放生产力是世界区域内经济合作的重要基础。总体上，开放生产力通过生产要素的跨国流动与组合，相互弥补并接力转移各国的产业结构，从而最大限度地发挥生产要素的聚集效应，实现经济效益最大化。具体来看，开放生产力在经济全球化和区域经济一体化发展中发挥以下作用：在产品交换上，开放生产力促进各国有差异、有价值的产品进行交流，总体上增加了国家总产出量，进而提高了资本利润率；在市场规模上，开放生产力加快了全球市场的拓展，各国生产规模得以持续扩大，由此带来了一定的规模经济效应；在国际性的竞争与合作上，开放生产力通过竞争机制来推动产品吸引力的提升，同时促进产品生产过程中专业化水平的提升；在产品与技术的创新迭代上，开放生产力加速集中全球的创新要素的交流，通过优胜劣汰不断刺激产品附加值增加。

8.2　开放生产力如何运行

作为一种动态系统，开放生产力始终不断运动，同时也受到外界环境的影响。因此考察开放生产力的现实运行，必然要将其置于新时代我国的内外现实环境。根据我国目前的发展情况，开放生产力具有独特的运行形式（见图8-4）。

第8章 开放生产力

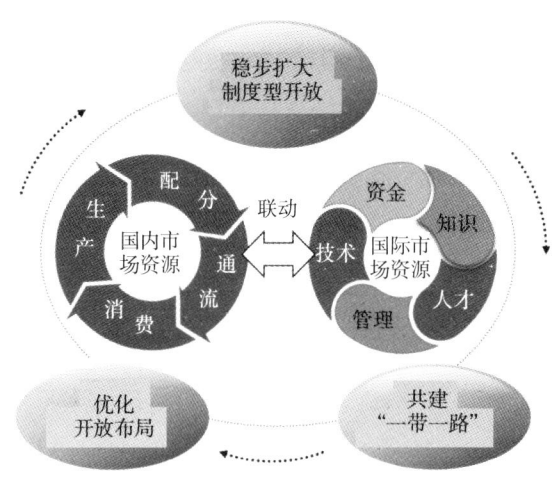

图8-4 开放生产力运行机理示意图

8.2.1 以国内大循环吸引全球资源要素

资源要素往往向发展空间大、增长潜力足的地方流动。习近平总书记指出，我国经济潜力足、韧性大、活力强、回旋空间大、政策工具多的基本特点没有变。因此，开放生产力依托国内大循环的庞大市场规模、多元产业体系、稳定经营政策等优势发挥强大的需求牵引力，吸引更多全球优质资源要素汇入，并通过资源的重组与优化，实现产业的可持续发展，争取开放发展中的战略主动。在开放生产力的作用下，涌入中国市场的全球资源要素中最具先发影响力的是外资。由于国内大循环的优势，大量外资企业纷纷选择中国市场，紧接着外资企业所拥有的配套的技术、管理、人才等优质生产要素也相继参与国内大循环，最终塑造了国内企业强大有效的供给能力，提高了其供给质量和水平。知识、技术、人才、管理等优质创新要素通过自由地跨界、跨区域流入与流通，助推我国在前沿技术、高端装备制造等领域实现了技术转让，不仅提高了生产效率和产品附加值，还进一步孕育出了更多的新产业、新模式、新业态，提升了生产力和竞争力。

153

8.2.2 依托我国超大规模市场优势实现经济持续发展

当前,我国经济发展面临内外多重压力,为了加快构建新发展格局,必须借助我国超大规模市场优势,利用开放生产力对生产、分配、流通、消费等四个环节赋能,推动中国经济高质量发展。在生产方面,开放生产力不仅能够引进高端的生产要素,还能补充国内生产所需的短缺性资源,合力推动全要素生产率的提高。在分配方面,开放生产力与我国新型工业化和城镇化同频共振,创造了更多的就业机会,增加了人们的收入,有利于实现共同富裕。在流通方面,开放生产力能够打通循环堵点,促进流通效率的提升。目前,我国流通产业的发展仍然存在不足,如高成本、低效率、标准不统一等。通过更高水平的对外开放,能够有效弥补不足,提高企业的内循环效率。在消费方面,开放生产力可以提供有效供给,为中国消费者提供更多优质产品,带动国内消费水平升级,更好地满足人民美好生活的需要。

8.2.3 发挥国内国际两个市场两种资源联动效应

改革开放以来,我国积极联动国内国际两个市场两种资源,从以出口为主,到进出口并重,再到主动扩大进口,始终致力于为全球经济注入新动力。在"引进来"与"走出去"的动态发展进程中,国内市场与国际市场两种资源就是相互交织、相互影响的辩证统一关系,开放生产力则架起了两者互通的桥梁。对于国内市场资源而言,开放生产力调配了全球优质生产要素的流入,并与国内现有的要素资源融合,共同服务于国内生产,为全球优质资源要素提供了新的市场机遇,使中国市场变成世界的市场、共享的市场。对于国际市场资源而言,开放生产力让生产要素在全球范围更加自由便捷地流动,并通过深化国际分工与合作,在一定程度上纾解了全球贸易疲软、低迷的发展困境,提升了国际循环与贸易合作的质量和水平，有利于促成贸易大繁荣、投资大便利、人员大流动和技术大发展，最终建立一个开放型的世界经济体系。

图8-5为1978—2022年我国进出口贸易额统计。

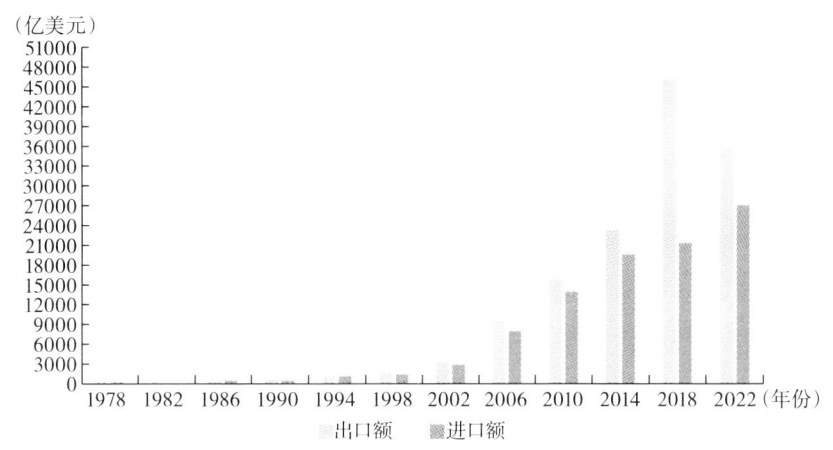

图8-5　1978—2022年我国进出口贸易额

资料来源：中国海关统计数据。

8.2.4　以稳步扩大制度型开放推进更高水平对外开放

2018年中央经济工作会议指出："要适应新形势、把握新特点，推动由商品和要素流动型开放向规则等制度型开放转变。"制度型开放是根据我国进入新发展阶段所做出的重大突破与调整，也是加快构建新发展格局、推动经济高质量发展的重要支撑，更是开放生产力朝着更深层次、更高水平发展的内在要求。商品和要素流动型开放主要是指土地、劳动、资本、技术、知识、信息、数据全生产要素的基本组合，制度型开放是指以规则、规制、标准等制度性因素为主要内容的开放措施。具体来说，就是对标国际市场，修改、废除不利于要素跨境配置的体制、机制、规则、标准，降低跨境贸易中不合理的制度成本，促进投资更加便利、交易更加有效、监管更加透明。[①]

---

① 中央党校（国家行政学院）经济学部：《中国经济大船怎么开》，人民出版社2023年版，第85页。

由此可见，制度型开放相较于商品和要素流动型开放更具积极主动性。所以，开放生产力不仅能在制度型开放中更大地发挥效益，释放更多的能量，实现全生产要素配置最佳化，其也要求更高水平的国内规则与制度体系的发展与完善，"倒逼"国内实现系统性的制度创新，参与全球经贸规则的重塑与制定，从而在新一轮全球经贸发展中掌握一定的话语权。

8.2.5　以优化开放布局实现经济协调发展

回首四十余年，我国开放布局整体上从东部沿海起步向着内陆纵深推进。在此过程中，东部沿海地区继续担任着开放的领头羊角色，为全面开放探索先行经验，同时，中西部和东北地区等加快开放的脚步，又为东部地区的进一步开放创造了有利的环境和回旋空间。开放生产力则在区域之间、产业之间、城乡之间发挥着沟通、协调与平衡作用，致力于实现全面的、均衡的开放型经济。首先，开放生产力强调扬长补短，发挥"长板效应"，寻找适合不同地区高水平开放的路径，为优化区域开放布局、促进区域协调发展提供了重要机遇。其次，开放生产力能够更大程度地激活产业的竞争能力，实现更平衡、更充分的产业开放发展。当前，我国已经进入了产业结构调整和升级的关键时期，但各产业的开放程度不尽相同。实践证明，一个行业的开放程度越高，其国际竞争力就越强。在新的历史阶段，实现产业协调发展是逐步推进产业高水平开放的必然性和现实性的选择。最后，开放生产力通过深化改革开放推动城乡统筹发展。在开放生产力的作用下，城镇化进程加速推进，城乡一体化布局结构体系逐步形成。在"一带一路"倡议的统领下，我国农民对外开放的观念显著增强，开放红利也惠及广大农村。

8.2.6　以共建"一带一路"促进高质量共同发展

开放生产力是相互依存、互联互通的经济共同体的开放性与包容性的新变革，其根本模式同促进世界可持续发展、构建人类命运共同体、改善人类福祉等方面存在深度关联。习近平总书记鲜明指出："中国对外开放，不是要一家唱独角戏，而是要欢迎各方共同参与；不是要谋求势力范围，而是要支持各国共同发展；不是要营造自己的后花园，而是要建设各国共享的百花园。"① 我们通过共建"一带一路"等开放型生产建设，推动陆海内外联动，促进世界经济互联互通。从历史的角度看，"陆上丝绸之路"与"海上丝绸之路"共同促进了我国的经济文化繁荣。棉花、番薯、玉米等农作物的引进对我国农业生产做出了重大贡献，白银的持续流入对维持货币体系的稳定做出了巨大贡献，敦煌文化成为东西方文化交流的重要结晶，指南针的输出奠定了大航海时代的器物基础，茶叶、瓷器等产品享誉西方，"丝绸之路"所形成的开放生产力举世瞩目，并由世界人民共享。如今，"一带一路"倡议将继续对接发展需求，在开放中为世界各方提供利益交汇点，为共建国家打造新的经济发展引擎。

8.3 典型案例剖析

案例一

千里共此卷——"一带一路"倡议②

随着世界多极化、经济全球化、社会信息化、文化多样化深入发展，各国相互联系和彼此依存比过去任何时候都更频繁、更紧密。同时，全球和平赤字、发展赤字、安全赤字、治理赤字有增无减，军备竞赛、恐怖主义、气候变化等传统和非传统安全问题交叉叠加。正是在这样的背景下，中国着眼人类前途命运和整体利益，因应全球发展

---

① 《习近平在庆祝中国共产党成立95周年大会上的讲话》，《人民日报》2016年7月2日第2版。
② 资料来源：《推进"一带一路"建设与区域协调发展》，中国一带一路网，2022年4月9日，https://www.yidaiyilu.gov.cn/p/233992.html。

新质生产力：如何看？怎么办？

及各国期待，继承和弘扬丝路精神这一人类文明的宝贵遗产，提出共建"一带一路"倡议。

共建"一带一路"围绕互联互通，以基础设施"硬联通"为重要方向，以规则标准"软联通"为重要支撑，以共建国家人民"心联通"为重要基础，成为当今世界范围最广、规模最大的国际合作平台。其一，政策沟通是共建"一带一路"的重要保障，旨在通过持续深化战略对接和政策协调、推动形成政策沟通长效机制等举措，为深化共建国家之间的务实合作注入"润滑剂"和"催化剂"；其二，设施联通是共建"一带一路"的优先领域，旨在通过推进共建国家间的陆、海、天、网"四位一体"互联互通，促进共建国家间经贸和产能合作；其三，贸易畅通是共建"一带一路"的重要内容，旨在着力解决贸易投资自由化便利化问题，消除贸易投资壁垒，拓宽贸易领域、优化贸易结构，拓展相互投资和产业合作领域，推动建立更加均衡、平等和可持续的贸易体系；其四，资金融通是共建"一带一路"的重要支撑，旨在推动有关国家及机构开展多形式的金融合作，创新投融资模式、拓宽投融资渠道、丰富投融资主体、完善投融资机制，构建长期、稳定、可持续、风险可控的投融资体系；其五，民心相通是共建"一带一路"的社会根基，旨在通过广泛开展文旅合作、教育交流、媒体和智库合作、民间交往等，推动文明互学互鉴和文化融合创新。

共建"一带一路"取得显著成效。其一，从中国自身来看，"一带一路"倡议提出以后，中国区域之间的合作和交流更为紧密，区域之间的资源互补和区域协调发展向好趋势明显；其二，从共建国家来看，"一带一路"倡议为共建国家打造新的经济发展引擎，创建新的发展环境和空间，增强了共建国家的发展能力，提振了共建国家的发展信心，改善了共建国家的民生福祉；其三，从全球来看，"一带一路"倡议既进一步打通经济全球化的大动脉，畅通信息流、资金流、技术流、产品流、产业流、人员流，推动更大范围、更高水平的国际合作，同时也推动全球治理体系朝着更加公正合理的方向发展。

案例二

"四叶草"开放协奏曲——中国国际进口博览会[①]

中国国际进口博览会（以下简称进博会），是迄今为止世界上第一个以进口为主题的国家级展会，是国际贸易发展史上一大创举。举办进博会，是中国着眼于推动新一轮高水平对外开放做出的重大决策，是中国主动向世界开放市场的重大举措。这体现了中国支持多边贸易体制、推动发展自由贸易的一贯立场，是中国推动建设开放型世界经济、支持经济全球化的实际行动。

截至目前，进博会已经顺利举办六届，逐步形成了较为成熟的办会经验。其一，国家综合展为不同发展水平的国家增进交流、促进合作、互利共赢提供重要平台，有助于各参展国积极推介本国投资环境、旅游资源、优势产业和特色产品，举办丰富多彩的展台活动。其二，企业商业展为来自不同国家的参展企业搭建了一个展示商品、商务合作、意向签订的平台。据统计，2023年进博会有128个国家和地区的3486家企业参展，其中，世界500强和行业龙头企业达289家，数量为历届之最，按一年计意向成交金额784.1亿美元，比上届增长6.7%。其三，办好虹桥论坛。进博会提供的不仅是商品和服务的交易，更包含人文和思想

[①] 人民网：《进博之约|"四叶草"的开放协奏曲》，2023年11月6日，http://politics.people.com.cn/n1/2023/1106/c1001-40111348.html；邹磊：《中国国际进口博览会：溢出效应与长效机制》，《太平洋学报》2021年第7期；金朝晖：《第六届进博会今日闭幕展会取得丰硕成果》，2023年11月12日，https://baijiahao.baidu.com/s?id=17823503485766167528&wfr=spider&for=pc。

新质生产力：如何看？怎么办？

的交流。自2018年起，中国和世界贸易组织、联合国贸易和发展会议、联合国工业发展组织等一道举办虹桥论坛。其由主论坛和分论坛组成，采取"会员制+注册制"形式，邀请境内外政府官员、专家学者、企业高管等围绕经济热点开展相关研讨和对话交流，为构建开放型世界经济贡献智慧。其四，打造一流现场服务。进博会秉持"以人为本，以客为尊"的服务理念，主动对标国际一流展会，以参展客商需求为导向，着力打造专业、便利、高效、绿色的一流服务，得到参展客商的好评。

随着进博会的吸引力越来越强，其溢出效应日益凸显。其一，从中国自身来看，作为各国优质企业、商品、服务、技术、人才集聚的国际合作平台，进博会的溢出效应首先作用于中国自身。我国以举办进博会为契机持续扩大进口，主动运用全球资源、全球市场推动贸易升级、产业升级、消费升级，构建国内国际双循环相互促进的新发展格局。其二，从全球来看，受新冠疫情影响，本就增长乏力的世界经济雪上加霜，而进博会的举办建立了各国优质商品、服务与中国市场之间便捷的绿色通道，有助于在全球层面扩大总需求和贸易规模，为世界经济增长注入信心与动能。

案例三

深耕改革开放"试验田"——上海自贸试验区[①]

中国（上海）自由贸易试验区是我国第一个与此前的经济特区、

[①] 孟歆迪等:《上海自贸试验区:扩大开放和深化改革的引跑者》,《光明日报》2021年4月19日第6版;周渊:《临港新片区晒出四周年成绩单:地区生产总值年均增长21.2%、形成典型制度创新案例102个》,2023年8月21日,https://baijiahao.baidu.com/s? id=1774806016310381957&wfr=spider&for=pc;邹娟:《十年来上海自贸区新注册企业超8.4万家,新设外资项目超1.4万个》,2023年9月15日,https://www.thepaper.cn/newsDetail_forward_24620279。

开发区、产业园区相比在指导思想、战略定位、总体目标、任务措施等方面有新内涵的改革开放载体。建设自由贸易试验区是党中央、国务院在新形势下全面深化改革和扩大开放的一项战略举措，是党在新的历史起点上提出的新发展理念的重要体现之一，向全世界展示了中国加快形成高水平对外开放新局面、努力实现经济高质量发展的决心。

自 2013 年 9 月正式挂牌，上海自贸试验区已形成了一套较为成熟的经验做法。其一，贯彻制度创新这条主线。上海自贸试验区坚持对标国际最高标准、最高水平，在投资、贸易、金融和政府职能转变等领域形成了众多制度创新成果，而制度创新又激发了市场创新活力和经济发展动力。即使在 2020 年，上海自贸试验区经济活力依然明显增强，2020 年全年新设外资企业 563 家，累计新设外资企业 1.2 万户，全年实到外资 80.03 亿美元，累计实到外资达 409 亿美元。其二，打造全方位高水平开放的前进基地。以临港新片区为例，自 2019 年以来，新片区地区生产总值年均增长 21.2%，规模以上工业总产值年均增长 37.8%，全社会固定资产投资年均增长 39.9%，进出口总额平均增长 44%，税收年均增长 16.2%。其三，坚持创新成果可复制可推广。如上海自贸试验区在全国率先实施 2013 年版、2014 年版外商投资准入负面清单制度。现在，外商投资准入负面清单制度已覆盖全国自贸试验区。

十多年来，上海自贸试验区建设取得丰硕成果，在诸多方面发挥了重要作用。其一，发挥改革开放的"试验田"作用。上海自贸试验区是高水平对外开放的开路先锋，在制度上的一系列创新经验对于我国新一轮高水平对外开放具有重要指导意义。其二，发挥功能提升的"助推器"作用。自贸试验区的很多工作与建设"五个中心"、强化四

新质生产力：如何看？怎么办？

大功能密切相关。比如，通过黄金国际板、原油期货等金融市场开放增强了上海全球资源配置功能；通过创新知识产权保护、便利国际人才引进等举措强化了全市科技创新策源功能等。其三，发挥经济增长的"发动机"作用。十多年来，上海自贸试验区新注册企业超8.4万家，新设外资项目超1.4万个，实到外资586亿美元。上海自贸试验区所在的浦东新区2022年实现地区生产总值1.6万亿元、商品销售总额5.9万亿元、社会消费品零售总额3600亿元、财政总收入5201亿元，分别是2013年的2.3倍、2.5倍、2.3倍、1.9倍。其四，发挥品质生活的"加油站"作用。上海自贸试验区更快地引进了全世界的优质商品和服务，市民生活明显优质化。比如，市民可以在家门口更加便利地"买全球，逛全球"。

第9章 形成新质生产力的关键抓手

"生产力中也包括科学。"①

——马克思:《政治经济学批判》(1957—1958年草稿)

"现代科学技术的发展,使科学与生产的关系越来越密切了。科学技术作为生产力,越来越显示出巨大的作用。"②

——邓小平:《在全国科学大会开幕式上的讲话》(1978年3月28日)

"要及时将科技创新成果应用到具体产业和产业链上,改造提升传统产业,培育壮大新兴产业,布局建设未来产业,完善现代化产业体系。"③

——习近平:《习近平在中共中央政治局第十一次集体学习时强调 加快发展新质生产力 扎实推进高质量发展》(2024年2月2日)

新质生产力的核心要义是"以新促质""'新'服务于'质'",这就强调这种生产力不是简单的量的积累,而是要结合质的发展,通过新技术、新模式、新产业、新领域、新动能来推动实现物质产品的极大丰富、生产力本质的跃升、经济质量更有保障、人民生活品质不断提高。形成和发展新质生产力,产业是核心阵地,科技是第一动力,人才是重要支撑。

---

① 《马克思恩格斯全集》(第46卷:下),人民出版社2003年版,第211页。
② 《邓小平文选》(第2卷),人民出版社1994年版,第87页。
③ 《习近平在中共中央政治局第十一次集体学习时强调 加快发展新质生产力 扎实推进高质量发展》,《人民日报》2024年2月2日第1版。

新质生产力：如何看？怎么办？

9.1 建设现代化产业体系实现产业结构新质化提升

产业是生产力的具体表现形式，人才和技术必须在产业中结合才能真正转化为生产力。新质生产力以科技创新为引擎，以新兴产业为主导，以产业升级为方向。必须把建设现代化产业体系作为形成和发展新质生产力的核心阵地，从以下五个方面着手实现产业结构新质化提升（见图9-1）。

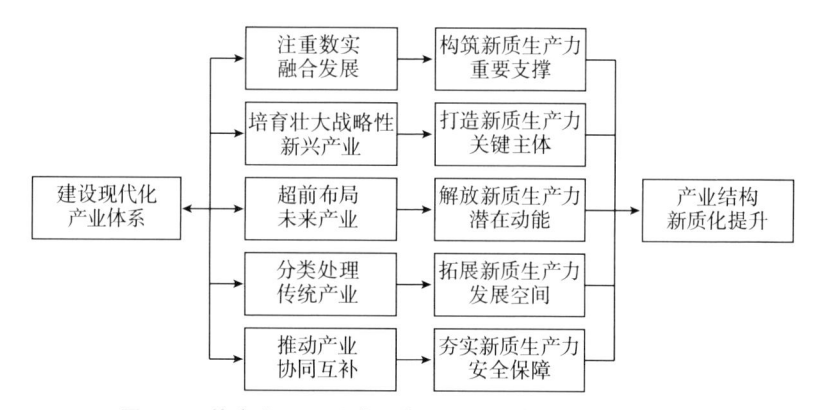

图 9-1 从产业层面形成和发展新质生产力的五大着力点

9.1.1 注重数实融合发展，构筑新质生产力重要支撑

促进数字经济和实体经济深度融合，既要注重实体经济为本，以防出现"脱实向虚"的不良倾向，也要充分发挥数字经济赋能作用，推动产业数字化和数字产业化进程，通过数实融合为我国经济高质量发展提供持久动能。

要以实体经济为着力点推动产业数字化和数字产业化协同发展。要坚持智能制造主攻方向不动摇，加快构建智能制造发展生态，持续推进制造业数字化转型、网络化协同、智能化变革。要推动智能化技术运用，加快推广5G、机器学习、云计算等技术，面向重点产业打造一批世界级智能工厂和智慧供应链，面向中小企业推行工艺优化、精细管理和流程再造等针对性解决方案。要加快完善数字智能化基础设施建设，构建较为完善的工业互联网和公共服务平台，提高工业机器人和工业软件普及率，提高工业企业关键工序数控化水平。要加速形成智能制造标准体系，增加标准有效供给，强化标准应用实施，避免因为标准不确定产生的混乱和低效，推动智能制造规范发展。

要以良性互动方式促进产业数字化和数字产业化协同发展。要通过加大加深数字产业化的范围和程度，以产业实践场景推动人工智能、数字孪生等关键技术攻关，推动工业芯片、工业软件研发突破和迭代应用，加强数字技术成果的有效转化，不断推进国家数字创新体系，壮大我国数字经济。要加大数字技术开发和应用投入，加快升级信息基础设施，为数实融合发展奠定硬件基础。要引导实体经济企业深化对数字化转型的认知，稳步提升数字技术应用、数据管理和问题反馈的能力，使众多的实体经济企业成为我国数字技术实验迭代的载体。要搭建数字经济企业和实体经济企业交流的平台，形成"技术应用—发现问题—技术迭代"的良性互动模式。要通过将产业链中嵌入数字化服务，为链上企业提供数据采集和分析服务，发掘数字产业的供给潜能，消除数字供给约束。要发挥企业主体作用，鼓励数字经济企业积极拓展业务，以聚焦核心业务的场景化解决方案为杠杆，撬动更多行业的数字化转型。要发挥政府的指导保障作用，推动形成数字经济发展的战略布局和整体规划，搭建数字经济与产业结构转型升级交流平台，深化"放管服"改革，畅通产业数字化转型升级的渠道。

9.1.2 培育壮大战略性新兴产业，打造新质生产力关键主体

战略性新兴产业是以重大前沿技术突破和重大发展需求为基础，对经济社会全局和长远发展具有重大引领带动作用的产业。战略性新兴产业渗

新质生产力：如何看？怎么办？

透性、融合性强，通过与传统产业交叉、渗透、融合等，能够推动传统产业升级，促进先进技术产业化，提升产业层次。发展战略性新兴产业是新质生产力塑造的核心，要坚持以下原则。

要坚持问题导向和系统观念。要充分认识到一段时期以来我国被锁定在全球价值链低端、战略性新兴产业的产业基础相对薄弱的现实，明确"我们需要建设什么样的战略性新兴产业"，科学判断我国战略性新兴产业的薄弱环节和漏洞，制定总体发展战略和布局规划，由各地区根据自身资源禀赋和发展定位制定区域性规划，形成各区域取长补短、互为补充的发展格局。

要强化政府引导和市场自觉。要努力克服战略性新兴产业发展遇到的技术和资金难题，在尊重市场资源配置决定性作用的基础上充分发挥产业政策引导作用，出台激励性政策措施，做好战略性新兴产业的起势工作，吸引更多市场主体进入战略性新兴产业领域，扩大战略性新兴产业的有效投资，推动相关技术突破，实现补短板、强弱项、固底板、扬优势。

要坚持分类指导和创新驱动。要针对行业的不同特征、发展阶段、发展基础和区域禀赋，制定产业发展专项工作方案，设置专门的专家工作组进行论证和规划，确保产业布局和建设的科学性和合理性。要发挥创新驱动作用，组建产业互联网，通过全链路业务数据进行线上精准分析，提高产业链和供应链的稳定性，加大对产品和品牌等的创新，建设高端、协同、智能化产业集群，形成新的增长点和增长极。

要完善生态构建和场景应用。要继续完善相关配套体系，形成基于创新主体互动关系的开放协同机制、风险防控机制、成长与发展机制。要鼓励在农业、制造业、物流、金融、商务、家居等重点行业深入挖掘相关技术应用场景，具体如表9-1所示。

表 9-1　各领域生态构建和场景应用着力点

领域	待挖掘技术应用场景
农业	卫星导航自动驾驶作业、地理信息引擎、网约农机、橡胶树割胶、智能农场、农业生产物联监测、农产品质量安全管控等
制造业	工业大脑、机器人协助制造、机器视觉工业检测、设备互联管理等
物流	机器人分流分拣、物料搬运、智能立体仓储以及追溯终端等
金融	大数据金融风控、企业智能征信、智能反欺诈等
商务	多人在线协同会议、线上会展、盘点结算等
家居	家庭智慧互联、建筑智能监测、产品在线设计等

9.1.3　超前布局未来产业，解放新质生产力潜在动能

未来产业是引领未来发展的新支柱、新赛道，是最能体现新质生产力"新"的特点的产业发展方向，尽管目前更多处于探索阶段，对现实生产生活影响较小，但未来潜力巨大。要超前谋划布局未来产业，勇于开辟新领域、新赛道，占领科技和产业发展制高点，释放新质生产力潜在动能。具体应从以下几点入手。

要加强顶层设计，充分发挥我国特色优势。未来产业发展未知性强、风险性高，要加强顶层设计，充分发挥我国在体制机制、科技创新、市场应用、产业基础等领域的优势。一是发挥集中力量办大事的制度优势，由中央设置推动未来产业谋划布局的协调机构，统筹各部门、各行业、各方面力量，整合科技、资金、教育等各领域资源，围绕国家发展重大需求，锚定几大未来产业发展方向，规划布局一系列重大项目和工程。二是发挥大国科技创新体系的技术策源优势，大力建设全国各大区域综合性国家科学中心，吸引、培育专精特新中小企业和行业内尖端研发机构，织密全国科技大网，产出更多前沿科技成果。三是发挥最完备工业体系的产业配套优势，为未来产业发展提供完备的产业链配套，进一步发挥集聚效应，加

新质生产力：如何看？怎么办？

速未来产业规模化，并在此过程中持续改进工艺，降本增效①。四是发挥深化改革开放的营商环境优势，通过多层次的资本市场体系为未来产业企业发展注入动能，多措并举降低企业运营制度成本。

要加快完善成果培育和转化机制，推动前沿科技落地应用。从实验室到市场，是科技研发应用的"最后一公里"，也是最难跨越的一步。要完善"学科+产业"创新模式，依托高校优势学科，着眼未来产业重点发展方向，用好"揭榜挂帅""企业家出题，科学家答题"等创新方式②，开展好"互联网+""挑战杯"等各类创新创业大赛，鼓励高校师生和科研机构人员将自身研究同未来产业发展需求相结合。通过在企业设立校外实验室和实践基地，鼓励高校师生和企业高管建立定期沟通交流机制，推动高校科研成果第一时间落地应用。要促进成果转化队伍和机构专业化，组建由技术、法律、金融、管理等方面专业人才组成的机构或平台，负责科技成果转移转化指导和管理，扭转专利所有权人怕承担风险而"不敢转"的局面。要开展技术转移专业学历教育，大力培育具有专业化、复合型知识背景和高水平成果转化服务能力的技术经理人、技术经纪人，壮大高校科技成果转化服务人员队伍。

要建立健全相关领域政策法规，破除未来产业发展机制阻碍。要降低市场进入门槛，完善项目孵化机制，鼓励未来科技项目边孵化边调整，及时清除各类阻碍，营造开放包容、公平竞争的市场环境，避免未来产业项目"不敢入""入不了"。要建立行业发展指引机制，动态发布未来产业典型案例，健全动态调整和风险预警机制，指引各行业向着积极健康的方向发展。要探索包容审慎治理，建立"负面清单+事后监管"的监管模式，简化相关事前审批流程，鼓励行业自律监督。要完善试错容错机制，探索

---

① 胡拥军：《前瞻布局未来产业：优势条件、实践探索与政策取向》，《改革》2023年第9期。
② 胡拥军：《前瞻布局未来产业：优势条件、实践探索与政策取向》，《改革》2023年第9期。

实施各行业个性化政策制定，明确创新免责情形并大力宣传，对初次违反的主体免予处罚，提升行业信心和创新积极性。

要完善未来产业要素市场，不断优化产业布局分工。要完善创新要素引进流动机制，鼓励各地政府出台未来产业技术攻关专项补贴，鼓励企业发行专项债券，加大针对未来产业投融资相关财税政策优惠，实施精准引才政策，细化到每一产业每一岗位，实行高端人才薪酬"一人一议"制。促进创新要素聚集，要从三个方面着手：密度方面，提高产业集聚水平，形成规模化产业集群；频度方面，提高区域内车流量、人员流动率、邮件发送量，营造生机勃勃的发展氛围；浓度方面，提高产品服务技术价值和附加价值，打造知名品牌①。要优化产业分工和空间布局，各地要根据自身禀赋条件，结合国家整体战略和规划，科学规划本区域未来产业布局，避免大而全、"摊大饼"，形成"片片有特色，块块有优势"的格局。各地要推动人才、资金、技术区域间流动，加强产业链上下游协作，推动产业合理布局、分工进一步优化。

9.1.4 分类处理传统产业，拓宽新质生产力发展空间

形成和发展新兴产业并取代传统产业是必然趋势，但这并不意味着直接全面地否定传统产业，而是要分类处理、双线推进，最大限度地保留传统产业中的积极成分，保证我国产业结构平稳安全升级。

要推动有害产能逐步退出。有害产能不仅阻碍新质生产力的形成和发展，更会对生态环境、居民健康、产业安全造成破坏。要贯彻节约能源法，坚决出清能耗不达标产能；严格执行环保法律法规，依法关闭环保不达标产能；严格执行产品质量法，依法关停质量不过关产能；坚持安全生

---

① 潘教峰、王晓明、薛俊波、沈华：《从战略性新兴产业到未来产业：新方向、新问题、新思路》，《中国科学院院刊》2023年第3期。

新质生产力：如何看？怎么办？

产原则，依法关闭安全不达标产能，加强安全生产监管和抽查，对不具备安全生产条件、出现安全生产责任事故的企业要坚决关停。要建立完善的有害产能退出保障机制，做好有害产能退出情况统计，对工作开展不力的相关责任人进行问责。

要推动传统产业改造升级。要以高端化为目标，从供给端和需求端双向发力推动传统产业质量革命。供给端要提高研发投入强度，丰富产品和服务品种体系，提高产品服务技术含量和核心竞争力，严控质量标准，打造高端和知名品牌。需求端要引导优质优价的消费观念，提高消费者对产品和服务质量的要求。要以绿色化为特征，让产业"含绿量"提升发展"含金量"。推动农业绿色化发展，加强农业资源保护利用，减少污染物排放，强化废弃物资源化利用，大力发展农业循环经济。推动制造业绿色化发展，以绿色工厂、绿色产业链和绿色工业园区建设为纽带，不断提高固废处置利用率，降低单位产值能耗，实现从源头设计到生产制造再到销售使用的全生命周期绿色化。推动服务业绿色化发展，促进共享经济和二手交易普及发展，加快发展绿色物流运输，推动服务流程信息化、实时化，鼓励线上会展、网络办公、远程诊断维护等业态发展，引领现代服务业绿色发展新风尚。

9.1.5 推动产业协同互补，夯实新质生产力安全保障

新质生产力不仅是一种创新力，也是一种协同力，这依赖于完整产业体系中各产业的协同互补。要形成强大要素支撑体系，进一步提升产业链供应链现代化水平，优化产业布局与区域协同，在加快全国统一大市场建设中推动产业协同互补，统筹发展和安全，为新质生产力的形成和发展提供持续保障。

通过加快建设全国统一大市场，为产业协同互补提供要素支撑。一是

要深化要素市场化配置综合改革,建立全国统一的交易规则和平台,打破区域间行业间机制壁垒,以市场化为导向促进各类要素合理定价和行业间自由流动。二是要加快建设现代化流通体系。不断完善现代商贸流通体系,健全现代商贸流通网络,拓展物流服务新模式,提高物流运输效率,强化产业链上下游企业协同合作和互补衔接。三是要完善标准体系,促进企业公平参与我国标准化工作,提高标准修订的透明度和开放度,持续提升国内各行业、国内国际标准的一致性,降低行业质量安全和技术指标要求的重复性,促进产业协作互补。

通过提升基础软硬件和关键材料供给水平,强化供应链自给能力。要找准关键核心技术和零部件薄弱环节,面向全行业深入实施关键核心技术攻关工程,鼓励跨产业跨行业技术支持,集中优质资源合力攻关,实现强链补链稳链。要深入推进产业基础再造,聚焦核心基础零部件、核心基础元器件、关键基础材料、先进基础工艺和产业技术基础,在重点领域布局一批产业基础共性技术中心,培育国家制造业创新中心,积极发挥集成创新作用,努力突破一批关键技术基础产品[①]。

通过推动产业科学有序转移,优化产业全国布局。要加强产业链供应链上下游对接合作,发挥龙头企业辐射带动作用,在承接产业转移过程中着力构建研发、制造、服务一体化的产业链体系。要加强区域间产业转移合作,充分考虑自身区位条件和资源禀赋,扬长避短选择产业承接的重点方面,建设完备的产业承接载体,在硬件设施、服务水平、物流成本、人才供应、资金融通等方面有侧重地发力,提高自身产业承载能力。要加强科技成果跨区域转移合作,构建国家技术交易网络平台,健全区域性技术转移服务机构,以创新资源集聚、工作基础好的省(区、市)为主导,跨

---

① 中国政府网:《全力以赴稳工业,扎实锻造新优势——访工业和信息化部部长金壮龙》,2023年1月2日,https://www.gov.cn/xinwen/2023-01/02/content_5734642.htm。

新质生产力：如何看？怎么办？

区域整合资源向中西部地区转移，从而优化产业全国布局。

9.2 完善科技创新体系实现科技资源新质化整合

科学技术是生产力发展、跃迁中的关键因素。要进一步形成新质生产力，就必须完善科技创新体系，实现科技资源新质化整合，大力推进科技创新突破，发挥科技"第一生产力"的作用。具体要从以下几个方面发力促进科技创新突破（见图9-2）。

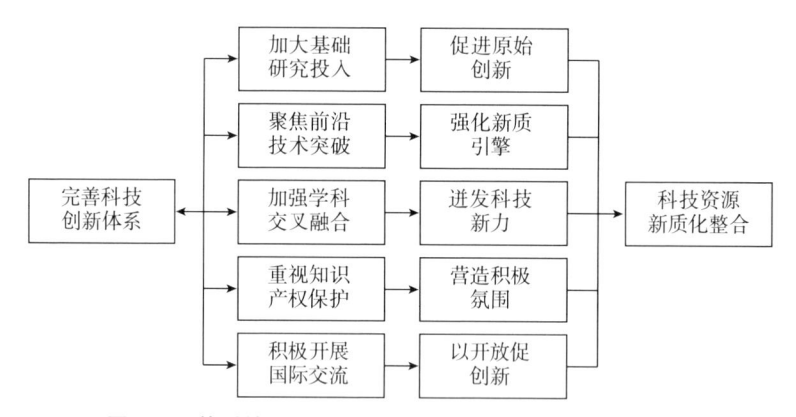

图 9-2 从科技层面形成和发展新质生产力的五大着力点

9.2.1 加大基础研究投入，促进原始创新

"加强基础研究，是实现高水平科技自立自强的迫切要求，是建设世界科技强国的必由之路"。[①] 当前我国科技基础研究领域存在短板，底层基础技术和工艺能力不足、理论科学研究落后、重大原创性成果缺乏等制约了我国科技发展。

要继续加大基础研究投入。一是加大资金投入，发挥中央财政优势，

---

① 习近平：《加强基础设施研究 实现高水平科技自立自强》，《求是》2023年第15期。

以积极财政政策长期支持前瞻性、全局性、系统性的重大科学问题研究。可探索发行基础研究特别国债，快速筹集基础研究所需资金，大幅提升基础研究在研发中占比。二是加大人力投入，推进高校"强基计划"实施，制定科学合理的培养方案，培育更多基础研究人才。鼓励引导国家级人才投入基础科学研究，建立国家基础科学研究项目团队。三是加大物力投入，科学梳理当前我国基础研究领域亟须解决的问题及其所需设施，加快建设一批基础科学研究实验室和科研设施，发布基础研究"揭榜挂帅"项目，鼓励各单位开展竞争性研究。

要优化基础研究资源配置。在基础研究体制机制上，要优化细化改革方案，发挥好制度、政策的价值驱动和战略牵引作用，提高基础研究组织化水平。在学科建设布局上，要支持重点学科、新兴学科、冷门学科和薄弱学科发展，推动学科交叉融合和跨学科研究，构筑全面均衡发展的高质量学科体系。在科研项目管理上，要完善基础研究项目组织、申报、评审和决策机制，实施差异化分类管理和国际国内同行评议，组织开展面向重大科学问题的协同攻关，鼓励自由探索式研究和非共识创新研究。

9.2.2　聚焦前沿技术突破，强化新质引擎

新质生产力以深化新技术应用为重要特征，云计算、人工智能、新能源、生物科学等领域的突破产生了一系列新型通用技术，对越来越多行业和产业发展产生赋能效应，锻造新质生产力发展的强大引擎。

要发展云计算为其他行业提供算力支持。加快在各地布局建设全国一体化算力网络国家枢纽节点，发展数据中心集群，进一步打通网络传输通道，加快实施"东数西算"工程，提升跨区域算力调度水平。要释放数据要素价值，推动数据资源高质量发展，提升产业供给能力，培育自主可控

新质生产力：如何看？怎么办？

开放合作的大数据产业生态，为其他行业发展提供算力支持。

要全面加强人工智能技术创新和产业化。要以问题为导向，设立国家级人工智能研究项目，主攻关键核心技术，加快形成新一代人工智能关键共性技术体系。要密切围绕新需求，大力培育人工智能新产品和新服务，积极推进人工智能技术产业化。要发挥人工智能在产业升级、产品开发、服务创新等方面的技术优势，促进人工智能同一、二、三产业深度融合，以人工智能技术推动各产业变革。要健全人工智能治理体系，着力消除人工智能技术运用中出现的各类法律和伦理问题，使人工智能造福全人类。

要推动新能源开发保障产业发展竞争力。要创新新能源开发利用模式，加快推进以沙漠、戈壁等地为重点的大型风电光伏基地建设，支持农村地区利用自有建筑屋顶建设户用光伏；加强可燃冰开采技术和装备的研发，争取早日实现规模化开采；加快地热技术的创新，重点开发高温地热发电、中深层地热供暖、干热岩勘探开发等关键技术和关键设备。要推动新能源在工业和建筑领域应用，积极推进工业绿色微电网、源网荷储一体化、新能源直供电等模式创新，提高产业发展竞争力。

要突破生物技术瓶颈赋能生物经济发展。要瞄准前沿领域，加强原创性、引领性基础研究，实施国家重大科技项目和重点研发计划。要打好关键核心技术攻坚战，集中力量补齐底层技术、关键部件、共性基础技术和材料、基础软硬件等发展短板，加强供需协同，提高创新链整体效能。要推进重大科技基础设施建设，系统布局生物安全、临床医学、中医药、主粮等重要科技基础设施。要注重生物技术研发的安全性，避免我国人种和动植物基因资源泄露。

9.2.3 加强学科交叉融合，迸发科技新力

新一轮科技革命突出表现为对原有知识体系和学科结构的"破坏"和

"重组",交叉融合正在成为科学研究的重要时代特征。要持续高度重视交叉学科发展,弥补原有知识体系缺口,推进科学的整体融合与革命性变化。

要加强前沿交叉学科布局。要聚焦未来可能产生变革性技术的领域,催生新的前沿方向,强化重大原创性研究和前沿交叉研究,实现引领性原创成果重大突破。鼓励高校和科研院所积极参与跨学科研究,集中多学科优势,解决重大交叉学科问题,推动多学科深度交叉融合。要构筑交叉学科交流平台,促进自然科学、社会科学、技术科学等不同学科科研人员之间的充分沟通,为交叉学科的发展提供思想源泉。要推进大型科学装置、仪器、设备、设施的建设与共享,为交叉学科发展提供设施保障。

要营造有利于交叉学科发展的良好环境。要加强对交叉学科的资金支持,在科技重大项目和自然科学基金中优先支持前沿交叉学科项目。通过科技立法、机构设置、项目牵引等方式,鼓励自下而上自然成长的交叉学科研究。深入推进评审评价机制改革,充分考虑交叉研究的风险性和长周期性,建立适宜评价、动态调整的评价体系,避免功利主义蔓延和"短平快"研究的泛滥。要建立宽容性较高的容错机制,鼓励交叉研究者勇于探索、敢于试错。

9.2.4 重视知识产权保护,营造积极氛围

知识产权能为创新成果提供法律保护、市场保护和最新导向,促进科技创新进步。当前我国知识产权保护的制度和氛围仍然较弱,必须重视知识产权保护,完善知识产权法律,建立健全完善的知识产权保护体系。

要完善知识产权保护制度。开展知识产权基础性法律研究,确保各专门法律的适用性和统一性,及时修订专利法、商标法、著作权法等法律法规,加快大数据、人工智能、基因技术等新领域新业态知识产权立法。构建职责统一、科学规范、服务优良的管理体制,制定区域战略,提高管理

效能，建立政府监管、社会监督、行业自律、机构自治的知识产权服务业监管体系。健全公正合理、评估科学的政策体系，以强化保护为导向进行审查，建立动态审查管理机制，以增加知识价值为导向进行分配，促进知识产权价值实现。

要提高知识产权执法能力。要加大行政执法力度，对群众反映强烈、社会舆论关注、侵权假冒多发的重点领域和区域，重拳出击、整治到底、震慑到位。实施高水平知识产权司法机构建设工程，加强审判基础、体制机制和智慧法院建设。健全知识产权审判组织，优化审判机构布局，完善上诉审理机制。要加强知识产权法官的专业化培养和职业化选拔，加强技术调查官队伍建设，提高知识产权审判质量和效率，提升公信力。

要强化知识产权全链条保护。从审查授权、行政执法、司法保护、仲裁调解、行业自律、公民诚信等环节完善保护体系，加强协同配合，构建大保护工作格局。要形成便民利民的知识产权公共服务体系，构建国家知识产权大数据中心和公共服务平台。要加强知识产权信息化、智能化基础设施建设，推动知识产权保护线上线下融合发展。要加强知识产权保护宣传教育，加强行业自律，形成全社会尊重和保护知识产权的良好氛围。

9.2.5 积极开展国际交流，以开放促创新

科技创新突破是人类运用自身智慧实现发明创造最后推动生产力提高，是人类共同应对风险挑战、促进和平发展的重要力量。推进国际科技交流，以开放促进科技创新，是发展新质生产力的必然要求。

要推动中国科学家和科技"走出去"。鼓励我国科学家积极参加国际学术会议及论坛，在科学家职业生涯早期建立国际合作关系，打好后续合作基础。要深入参与到国际科技组织和项目中去，支持国内高校和研究机

构选拔代表进入国际科技组织交流，在此前开展的人类基因组计划、国际子午圈大科学计划等一系列大科学计划和大科学工程基础上，积极牵头组织和参与国际前沿科技项目，促进国际科技界开放、信任和合作。要结合"一带一路"倡议，向发展中国家推广转移具有"适用性"或"包容性"的技术。

要推进国外科学家和科技"引进来"。要构筑国际科技合作平台，扩大面向国际的研究项目资助，允许国外科学家申请研究基金，聚焦气候变化、能源安全、生物安全、外层空间利用等全球问题，拓展和深化中外联合科研。要充分发挥龙头企业、高等院校等的引才聚才功能，实施海外高层次人才引进计划，号召各地出台国际人才落户发展补贴政策，形成具有吸引力和国际竞争力的人才制度体系。

要提升国际合作保障能力。要注重为科技人才出入境提供便利，推动外事服务、外国人才服务、法律咨询服务等科技保障类工作更加专业化、国际化，为集聚国际人才和国际创新资源营造富有吸引力的环境。要开辟多元化科技合作渠道，以开放、团结、包容、非歧视的姿态开展合作，加强构建人才、技术、项目、平台等方面全方位、深层次的国际合作格局，为促进全球科技创新发展贡献中国智慧。

9.3 深入实施人才强国战略提供新质化人才支撑

人才的数量和结构，体现出当时的社会生产力水平，同时能够反作用于社会生产力的发展。实现社会生产力新质化变革，需要更多更高质量的创新主体。加快加强人才培养聚集，需要从以下几个方面开展（见图9-3）。

9.3.1 加快新型人才的培育

要坚持立德树人任务，引导树立正确观念。发挥课程育人载体作用，

新质生产力：如何看？怎么办？

图 9-3 从人才层面形成和发展新质生产力的四大着力点

重视思想政治理论课建设，同时融思政教育于各类课程之中，让课程思政和思政课程协同发力释放课程育人最大潜力。不断加强党史、新中国史、改革开放史、中华民族发展史学习教育，弘扬光荣传统，赓续红色基因。用好重大历史事件纪念活动、爱国主义教育基地、优秀榜样楷模事迹等，引导青年人树立为中华民族伟大复兴奋斗的理想信念，并以此为动力认真学习科学技术和文化，成长为适应新质生产力发展的新质化人才。

要明确人才培养目标，更加重视科学精神。加强科学精神教育，以国内外知名科学家的事迹为教育材料，通过座谈会、读书会、演讲比赛、征文活动和观影活动等多种渠道大力弘扬追求真理、勇攀高峰的科学精神，加深学生对科学家事迹的了解和对其精神的情感认可。引导学生形成批判性思维，推动研讨式互动式教学，通过提出具有挑战性和启示性的问题鼓励学生发表观点、提出疑问，并引导学生对自己的观点和判断进行自我反省和修正，从而不断检验自己的观点，形成独立的思考模式和判断标准。

要创新人才培育模式，产学研一体化育人。优化各学科专业教学机制，依据学生具体情况制定个性化培养方案，拓宽学生专业学习广度，凝聚学生专业学习研究精度。鼓励高校和研究机构加强同各省市政府、大型企业合作，建设一批瞄准重大现实问题、成果转化速度快的研究设施和实践基地，鼓励学生参与政府和企业相关项目研发，构建从教学到科研再到产业的全链条式育人模式，推进产学研一体化。要优化职业教育类型定位，面向高端产业和产业高端，完善"引企进校""引企驻校""校企一体"的多元办学机制，推进中国特色新型学徒制，培养有潜力成为"能工巧匠""大国工匠"的高端技术技能人才。

要发挥教师关键作用，注重硬件设施建设。教师是育人的主体，要健全教师选拔培养流程，推动广大教师厚植家国情怀、涵养高尚品德、具备高超本领、永葆育人初心。完善教师权益保障体系，切实提高教师待遇，形成全社会尊重教师、尊重知识的良好氛围。要引导教师加强基础理论教学，重视前沿理论实践教学，为科技创新打牢理论基础。硬件基础设施是创新人才培养的重要支撑，要加快信息技术、智能技术在教育领域的创新应用，搭建灵活智能的智慧教室、网络课堂，最大限度均衡教育资源，扩大优质教育覆盖面，提高教学研究效率，增强学生的学习技能和实践水平。

9.3.2 提高劳动力供给质量

要完善企业内培训体系，提高劳动力技能水平。着力发挥职业培训的"加油站"作用，通过时效性强、对市场需求敏感的职业培训，形成技能人才职业成长的助力机制。企业要根据自身行业特点和企业实际情况制定整体的人力资本投资战略，完善企业入职后培训体系，利用"潮汐式"用工之间的闲暇时间，适当投入培训资源提升员工职业素养。大力推广"专家带学"，深入推进"导师带徒"、结对帮带等模式，鼓励企业建立"技师""高徒"档案并实施动态管理。

要健全容错和激励机制，激发劳动者创新能力。在保证国家安全和人民利益、遵守法律法规和道德伦理的前提下，引入创新容错纠错机制，宽容探索性失误，激发劳动者提升创新能力、推动创新实践、产出创新成果的积极性。要推动科研创新揭榜挂帅机制，提高创新激励上限和下限，通

新质生产力：如何看？怎么办？

过普遍激励和专项激励相结合的方式提高科技人员收入水平。要注重激励与减负相结合，减少各类形式主义，保障科技人员将主要精力用于科研创新。

要培育和弘扬榜样精神，激发劳动者的创造力。科学成就离不开精神支撑，要大力弘扬劳模精神、劳动精神、工匠精神，做好各类榜样评选表彰工作，不断推动对劳动的认可、对劳模的尊重、对工匠的推崇日益深入人心。要组织开展各级各类技能竞赛活动，为广大技能人才提供展示精湛技能、相互切磋技艺的平台，提升其职业荣誉感和获得感，营造学习工匠、争当工匠的社会氛围，激发培育和弘扬工匠精神的内驱力。

9.3.3 科学引导人才聚集成势

要破除各类流动障碍，畅通人才自由流动。要打破天赋性障碍，持续化解相对贫困问题，推动实现乡村振兴，健全社会保障制度，关心帮助残疾人发展，提高这类人群的人力资本和社会资本，最大限度降低先天性原因对人才自由流动的影响。要打破结构性障碍，逐步放宽、取消城市人才落户限制，完善大城市积分落户政策，取消对随迁子女各类不合理的连带限制，完善人才补贴政策，提供在住房、医疗、创业等方面的政策支持，让人才"来得了，留得住"。要打破身份性障碍，改革档案服务制度和体制内外调动制度，拓展人才流动通道，让更多的人才到更适合自己的领域发展，实现人尽其才。

要统筹国家发展大局，引导人才聚集成势。建立健全各地方人才引进"快车道"，围绕地方的重要领域、重点产业和重大项目建设引进专项人才，加快建设各类研发机构和实验室，为人才提供足够的硬件条件。积极宣传引导人才深入老少边穷地区，发挥自身能力贡献区域协调发展，加大对前往基层一线、艰苦地方工作的人才的物质奖励，设立人才荣誉称号，多方面改善人才待遇。加快建设一批扎根关键岗位的一流科技领军人才和创新团队，发挥人才规模效应和知识外溢效应，让广大人才服务于党和人民事业。

9.3.4 改革人才评价激励体系

要破除束缚发展的机制障碍。持续深化"破五唯"改革，重视论文、成果等指标但不能将其作为教育评价的唯一标准，拓宽人才评价角度，更加注重对深层次素质的评价而非过于关注具象的指标，取消各类项目申报中的论文、专利、头衔限制条件。要将创新价值作为人才评价的核心，注重人才的开放思维和探索精神，鼓励人才深入研究社会热点问题，将创新意识和创新价值运用到社会事业中去。对人才解决复杂问题、推动技术发展以及转化科研成果方面的能力进行评估，让能够独立思考问题、提出新理论、做出实际贡献的人才获得应有评价。

要建立科学的人才激励机制。不断创新完善薪酬制度，兼顾短期和中长期激励，建立绩效工资制度，增强科技人才的获得感。要注重精神激励，引导内在追求，让人才享受国家荣光、获得应有尊重，赋予其更高地位，激发人才创新动力，助其塑造良好的科研价值观和科研精神。要把优秀青年人才放到重大科技攻坚和重要岗位上去历练，构建完备的人才梯次结构。要根据不同类别人才的特质，分析各类科技人才的特征，制定有针对性的激励措施，完善精准化的激励机制，保障科技人才能够充分利用各种有利条件，形成有效激励。要强化执行力度与监督问责机制，推动科技人才激励政策制度落地，切实帮助科技人才消除后顾之忧。

参考文献

一、著作类

[1]《马克思恩格斯全集》(第46卷:下),人民出版社2003年版。

[2]《马克思恩格斯选集》(第1卷),人民出版社2012年版。

[3]《马克思恩格斯选集》(第2卷),人民出版社2012年版。

[4]《马克思恩格斯选集》(第3卷),人民出版社2012年版。

[5]《马克思恩格斯选集》(第4卷),人民出版社2012年版。

[6]《马克思恩格斯文集》(第2卷),人民出版社2009年版。

[7]《马克思恩格斯文集》(第5卷),人民出版社2009年版。

[8]《列宁全集》(第40卷),人民出版社2017年版。

[9]《毛泽东文集》(第3卷),人民出版社1996年版。

[10]《毛泽东文集》(第7卷),人民出版社1999年版。

[11]《毛泽东年谱(1949—1976)》(第4卷),中央文献出版社2013年版。

[12]《建设有中国特色的社会主义(增订本)》,人民出版社1987年版。

[13]《邓小平文选》(第2卷),人民出版社1994年版。

[14]《邓小平文选》(第3卷),人民出版社1993年版。

[15]《江泽民文选》(第1卷),人民出版社2006年版。

[16]《江泽民论有中国特色社会主义(专题摘编)》,中央文献出版社2002年版。

[17]习近平:《习近平谈治国理政》(第1卷),外文出版社2018年版。

[18]习近平:《习近平谈治国理政》(第2卷),外文出版社2017年版。

[19]习近平:《习近平谈治国理政》(第3卷),外文出版社2020年版。

[20]《习近平著作选读》(第1卷),人民出版社2023年版。

[21]《习近平著作选读》(第2卷),人民出版社2023年版。

[22]《习近平关于科技创新论述摘编》,中央文献出版社2016年版。

[23]《习近平关于社会主义生态文明建设论述摘编》,中央文献出版社2017年版。

[24]《建国以来重要文献选编》(第9册),人民出版社2011年版。

[25]《中华人民共和国国民经济和社会发展第十四个五年规划和2035年远景目标纲要》,人民出版社2021年版。

[26]习近平:《高举中国特色社会主义伟大旗帜 为全面建设社会主义现代化国家而团结奋斗:在中国共产党第二十次全国代表大会上的报告》,人民出版社2022年版。

[27]中央党校(国家行政学院)经济学部:《中国经济大船怎么开》,人民出版社2023年版。

[28][美]W.W. 罗斯托:《经济增长的阶段:非共产党宣言》,郭熙保、王松茂译,中国社会科学出版社2001年版。

[29][美]丹尼尔·贝尔:《后工业社会的来临——对社会预测的一项探索》,高铦译,商务印书馆1984年版。

[30][美]阿尔文·托夫勒:《第三次浪潮》,朱志焱等译,新华出版社1996年版。

[31][美]约翰·奈斯比特:《大趋势——改变我们生活的十个新趋向》,孙道章等译,新华出版社1984年版。

[32][美]泰普斯科特:《数据时代的经济学:对网络智能时代机遇和风险的再思考》,毕崇毅译,机械工业出版社2016年版。

[33][美]丹尼尔·伯斯坦、戴维·克莱恩:《征服世界 数字化时代的现实与未来》,吕传俊、沈明译,作家出版社1998年版。

[34]李嘉图:《政治经济学及赋税原理》,商务印书馆1976年版。

[35]赵立斌、张莉莉:《数字经济概论》,科学出版社2020年版。

[36]李庆臻、安维复:《科技生产力论》,山东大学出版社2022年版。

[37]叶正茂、许玫、洪远朋:《经济理论比较研究》,复旦大学出版社2022年第2版。

[38]冯昭奎:《科技革命与世界》,社会科学文献出版社2018年版。

[39]包亚明主编:《现代性与空间的生产》,上海教育出版社2002年版。

[40]毛丰付、娄朝晖:《数字经济:技术驱动与产业发展》,浙江工商大学出版社2021年版。

[41]陈鹰、瞿逢重、宋宏等:《海洋技术教程》,浙江大学出版社2012年版。

[42][美]林肯·佩恩:《海洋与文明》,陈建军、罗燚英译,四川人民出版社2019年第2版。

二、期刊类

[1]习近平:《坚持历史唯物主义不断开辟当代中国马克思主义发展新境界》,《求是》2020年第2期。

[2]习近平:《推动我国生态文明建设迈上新台阶》,《求是》2019年第3期。

[3]习近平:《加强基础设施研究 实现高水平科技自立自强》,《求是》2023年第15期。

[4]程钢:《数字化信息革命和现代远程教育》,《求索》1999年第4期。

[5]许丕盛:《数字化时代:企业管理新挑战》,《企业管理》2001年第2期。

[6]赵越:《数字经济给我们的启示》,《经济问题探索》2002年第2期。

[7]孙德林、王晓玲:《数字经济的本质与后发优势》,《当代财经》2004年第12期。

[8]王梦菲、张昕蔚:《数字经济时代技术变革对生产过程的影响机制研究》,《当代财经》2020年第1期。

[9]陈志飞:《美国进入数字经济时代》,《全球科技经济瞭望》2000年第11期。

[10]李西林、张谋明、游佳慧:《美国数字经济发展回顾与展望》,《服务外包》2022年第Z1期。

[11]李振东、陈劲、王伟楠:《国家数字化发展战略路径、理论框架与逻辑探析》,《科研管理》2023年第7期。

[12]梁正、李瑞:《数字时代的技术——经济新范式及全球竞争新格局》,《科技导报》2020年第14期。

[13]徐政、郑霖豪、程梦瑶:《新质生产力赋能高质量发展的内在逻辑与实践构想》,《当代经济研究》2023年第11期。

[14]周文、许凌云:《论新质生产力:内涵特征与重要着力点》,《改革》2023年第10期。

[15]石建勋、徐玲:《加快形成新质生产力的重大战略意义及实现路径研究》,《财经问题研究》(网络版试刊),http://kns.cnki.net/kcms/detail/21.1096.F.20231212.1451.002.html,2023年12月13日。

[16]余东华、马路萌:《新质生产力与新型工业化:理论阐释和互动路径》,《天津社会科学》2023年第6期。

[17]杜传忠、疏爽、李泽浩:《新质生产力促进经济高质量发展的机制分析与实现路径》,《经济纵横》2023年第12期。

[18]魏崇辉:《新质生产力的基本意涵、历史演进与实践路径》,《理论与改革》2023年第6期。

[19]蒲清平、向往:《新质生产力的内涵特征、内在逻辑和实现途径——推进中国式现代化的新动能》,《新疆师范大学学报(哲学社会科学版)》(网络版试刊),https://doi.org/10.14100/j.cnki.65-1039/g4.20231017.001,2023年12月13日。

[20]周绍东、胡华杰:《新质生产力推动创新发展的政治经济学研究》,《新疆师范大学学报(哲学社会科学版)》(网络版试刊),https://doi.org/10.14100/j.cnki.65-1039/g4.20231012.001,2023年12月13日。

[21]周文、许凌云:《论新质生产力:内涵特征与重要着力点》,《改革》2023年第10期。

[22]李政、廖晓东:《发展"新质生产力"的理论、历史和现实"三重"逻辑》,《政治经济学评论》2023年第6期。

新质生产力：如何看？怎么办？

[23]庞瑞芝:《新质生产力的核心产业形态及培育》,《人民论坛》2023年第21期。

[24]高帆:《"新质生产力"的提出逻辑、多维内涵及时代意义》,《政治经济学评论》2023年第6期。

[25]胡莹:《新质生产力的内涵、特点及路径探析》,《新疆师范大学学报(哲学社会科学版)》(网络版试刊), https://doi.org/10.14100/j.cnki.65-1039/g4.20231113.004,2023年12月13日。

[26]程恩富、陈健:《大力发展新质生产力 加速推进中国式现代化》,《当代经济研究》2023年第12期。

[27]王存刚:《数字技术发展、生产方式变迁与国际体系转型——一个初步的分析》,《人民论坛·学术前沿》2023年第4期。

[28]何玉长、王伟:《数字生产力的性质与应用》,《学术月刊》2021年第7期。

[29]谢中起、索建华、张莹:《数字生产力的内涵、价值与挑战》,《自然辩证法研究》2023年第6期。

[30]张哲华、钟若愚:《数字生产力的特征、机理及我国的发展对策》,《价格理论与实践》2023年第1期。

[31]韩文龙:《数字经济赋能经济高质量发展的政治经济学分析》,《中国社会科学院研究生院学报》2021年第2期。

[32]安筱鹏:《新生产力的崛起——数字生产力的兴起与本质》,《产业转型研究》(专刊)2022年第5期。

[33]唐要家、唐春晖:《数字产业化的理论逻辑、国际经验与中国政策》,《经济学家》2023年第10期。

[34]吴育林:《论理解生产力的三个理论向度》,《马克思主义理论学科研究》2022年第10期。

[35]王道义:《协作生产力刍议》,《求索》1986年第3期。

[36]程启智、罗飞:《生产力和生产关系的二维理论及其马克思经济学的发展》,《福建论坛(人文社会科学版)》2016年第3期。

[37]祁文辉、魏丽华:《新常态下马克思分工协作理论对区域协同发展的启示——以京津冀地区为例》,《价格理论与实践》2016年第5期。

[38]李福柱、刘曙光:《马克思劳动协作观与产业地域分工的理论渊源辨析》,《当代经济研究》2006年第11期。

[39]魏剑锋:《马克思分工协作理论视角下的产业集群竞争优势》,《中国社会科学院研究生院学报》2007年第5期。

[40]朱平芳、罗翔、项歌德:《中国中小企业创新绩效空间溢出效应实证研究——基于马克思分工协作理论》,《数量经济技术经济研究》2016年第5期。

[41]王道义:《发展协作生产力在实现我国农村生产力飞跃中的基本作用》,《农业现代化研究》1987年第3期。

[42]廖萍萍、李建建:《马克思合作思想视角下的共享经济研究》,《东南学术》2019年第2期。

[43]王璐、李晨阳:《数字经济下的生产社会化与企业分工协作:演进与特性》,《北京行政学院学报》2022年第1期。

[44]谢富胜:《企业网络:激进学者的分析范式》,《经济理论与经济管理》2006年第7期。

[45]姜长云:《协同推进产业融合与科技创新》,《中国中小企业》2021年第9期。

[46]周绍东、陈艺丹:《新发展格局与需求侧改革:空间政治经济学的解读》,《新疆师范大学学报(哲学社会科学版)》2021年第6期。

[47]黄志斌、高慧林:《习近平生态文明思想:中国化马克思主义绿色发展观的理论集成》,《社会主义研究》2022年第3期。

[48]段蕾、康沛竹:《走向社会主义生态文明新时代——论习近平生态文明思想的背景、内涵与意义》,《科学社会主义》2016年第2期。

[49]李玉成:《海洋工程技术进展与对发展我国海洋经济的思考》,《大连理工大学学报》2002年第1期。

[50]贾宇:《关于海洋强国战略的思考》,《太平洋学报》2018年第1期。

新质生产力：如何看？怎么办？

[51]徐芑南、胡震、叶聪等:《载人深潜技术与应用的现状和展望》,《前瞻科技》2022年第2期。

[52]邹丽、孙佳昭、孙哲等:《我国深海矿产资源开发核心技术研究现状与展望》,《哈尔滨工程大学学报》2023年第5期。

[53]任保平:《改革开放40年来我国生产力理论的演进轨迹与创新》,《政治经济学评论》2018年第6期。

[54]王慎之、黄祖祥:《对外开放的生产力乘数效应》,《学习与探索》1992年第2期。

[55]李维榕:《对外经济开放与社会生产力发展》,《经济问题探索》1986年第7期。

[56]刘贵访:《开放与发展生产力》,《桂海论丛》1987年第5期。

[57]颜永盛、贺同新:《对外开放是一种特殊形式的生产力》,《学习导报》1995年第Z1期。

[58]黄铁平:《生产力理论:对外开放的一个重要依据》,《福建师范大学学报(哲学社会科学版)》1988年第4期。

[59]王元龙:《学习邓小平同志关于改革开放、解放和发展生产力的理论》,《中国人民大学学报》1992年第6期。

[60]王启云、曾光:《开放条件下当代中国的生产力特点及其理论创新》,《生产力研究》2007年第9期。

[61]李鸿烈:《扩大开放与发展生产力》,《福建论坛(经济社会版)》1992年第6期。

[62]郑炎潮:《中国:90年代的抉择——用全方位的对外开放带动生产力的发展》,《经济问题》1991年第1期。

[63]肖前、张继清:《全球化背景下的开放与生产力发展》,《新视野》2000年第6期。

[64]颜永盛、贺同新:《对外开放是一种特殊形式的生产力》,《学习导报》1995年第Z1期。

[65]刘建丽:《新中国利用外资70年:历程、效应与主要经验》,《管理世

界》2019年第11期。

[66]蔡昉、林毅夫等:《改革开放40年与中国经济发展》,《经济学动态》2018年第8期。

[67]尹伟华:《"十四五"时期我国产业结构变动特征及趋势展望》,《中国物价》2021年第9期。

[68]高帆:《"新质生产力"的提出逻辑、多维内涵及时代意义》,《政治经济学评论》2023年第6期。

[69]邹磊:《中国国际进口博览会:溢出效应与长效机制》,《太平洋学报》2021年第7期;

[70]胡拥军:《前瞻布局未来产业:优势条件、实践探索与政策取向》,《改革》2023年第9期。

[71]潘教峰、王晓明、薛俊波、沈华:《从战略性新兴产业到未来产业:新方向、新问题、新思路》,《中国科学院院刊》2023年第3期。

[72]蒋永穆、乔张媛:《新质生产力:逻辑、内涵及路径》,《社会科学研究》2024年第1期。

[73]蒋永穆、乔张媛:《新质生产力:符合新发展理念的先进生产力质态》,《东南学术》2024年第2期。

三、报纸类

[1]《习近平主持召开新时代推动东北全面振兴座谈会强调 牢牢把握东北的重要使命 奋力谱写东北全面振兴新篇章》,《人民日报》2023年9月10日第1版。

[2]《习近平在黑龙江考察时强调 牢牢把握在国家发展大局中的战略定位 奋力开创黑龙江高质量发展新局面》,《人民日报》2023年9月9日第1版。

[3]习近平:《进一步关心海洋认识海洋经略海洋 推动海洋强国建设不断取得新成就》,《人民日报》2013年8月1日第1版。

[4]习近平:《全国科技创新大会两院院士大会中国科协第九次全国代表大会在京召开 习近平发表重要讲话》,《人民日报》2016年5月31日第

新质生产力：如何看？怎么办？

1版。

[5]习近平:《习近平致2019中国海洋经济博览会的贺信》,《人民日报》2019年10月15日第1版。

[6]习近平:《登高望远,牢牢把握世界经济正确方向》,《人民日报》2018年12月1日第2版。

[7]《习近平在庆祝中国共产党成立95周年大会上的讲话》,《人民日报》2016年7月2日第2版。

[8]胡锦涛:《充分发挥科技进步和创新的巨大作用 更好地推进我国社会主义现代化建设》,《人民日报》2004年12月29日第1版。

[9]胡锦涛:《把节约能源资源放在更突出的战略位置,加快建设资源节约型、环境友好型社会》,《人民日报》2006年12月27日第1版。

[10]蒋永穆、马文武:《新质生产力是什么？新在哪?》,《四川日报》2023年9月18日第11版。

[11]蒋永穆、马文武:《成都如何加快形成新质生产力?》,《成都日报》2023年12月20日第5版。

[12]蒋永穆、马文武:《深刻把握新质生产力的科学内涵与培育路径》,《中国社会科学报》2024年3月11日第A5版。

[13]石建勋:《加快推动数字产业化和产业数字化》,《人民日报》2021年10月15日第9版。

[14]李勋祥:《锻造深海探测重器,"海洋之眼"看得更深更透》,《青岛日报》2022年12月14日第3版。

[15]《共建"一带一路":构建人类命运共同体的重大实践》,《人民日报》2023年10月11日第10版。

[16]赵海娟:《中国新一轮开放的三大本质特征》,《中国经济时报》2019年9月9日第3版。

后 记

新质生产力是一个重要的原创性政治经济学理论术语，怎么认识、如何对待、怎样发展等，这些都是摆在我们前面的重要问题。新质生产力概念提出以来，本书编写组发表了《新质生产力是什么？新在哪？》《新质生产力：逻辑、内涵及路径》《深刻把握新质生产力的科学内涵与培育路径》《成都如何加快形成新质生产力？》《新质生产力：符合新发展理念的先进生产力质态》等系列文章，成为国内首批研究新质生产力的团队之一。为了进一步加深新质生产力的大众化理解，由中国经济出版社邀请并与本书编写组反复讨论，我们决定编著一本关于新质生产力的科普性读物，辅助大众把握新质生产力的科学内涵，搞懂、弄清"新质生产力是什么""为什么要发展新质生产力""如何发展新质生产力"等重要问题。本书即为编著的最终成果。

本书的写作提纲由蒋永穆、马文武审定。参与编写的人员有：冯奕佳（第1章）、乔张媛（第2章、第3章）、邵芹芹（第4章）、陈芯蕊（第5章）、吴哲闻（第6章）、陈兴庆（第7章）、吴慧敏（第8章）、于家伟（第9章）。全书由蒋永穆、马文武统稿、定稿。

本书在编写过程中，学习、借鉴、吸取了学术界许多专家、学者的研究成果，部分成果目录已列在书后，同时，本书得到了洪银兴、顾海良、刘伟、王一鸣、刘元春等专家的肯定和推介，在此我

新质生产力：如何看？怎么办？

们一并表示衷心感谢！

  新质生产力相关问题是一个学理性、战略性和实践性很强的重要问题，也是一个需要长期研究的问题。我们还将继续努力，不断深化研究。由于学识、水平有限，本书可能存在疏漏错误之处，敬请各位专家、学者批评指正。

本书编写组

2024 年 3 月